SÉRIE

O Contador de Histórias e outras histórias da Matemática

A JAÇANÃ

Recomendado a partir da 5ª série

FTD

SÉRIE

O Contador de Histórias e outras histórias da Matemática

A JAÇANÃ

Egidio Trambaiolli Neto

Neste volume

Sistemas de numeração

e mais

Problemas de contagem
Noções de geometria

Recomendado a partir da 5ª série

FTD

EDITORA FTD S.A.
Matriz: Rua Rui Barbosa, 156 (Bela Vista) São Paulo - SP
CEP 01326-010 - Tel. (0-XX-11) 3253-5011 - Fax (0-XX-11) 3284-8500 r. 298
Caixa Postal 65149 - CEP da Caixa Postal 01390-970
Internet: http://www.ftd.com.br
E-mail: exatas@ftd.com.br

Dados Internacionais de Catalogação na Publicação (CIP)
(Câmara Brasileira do Livro, SP, Brasil)

Trambaiolli Neto, Egidio, 1959 –
A Jaçanã / Egidio Trambaiolli Neto ; |ilustrações Hilton Mercadante|. — São Paulo : FTD, 1998. — (Série o contador de histórias e outras histórias da matemática)

Edição não-consumível.
Suplementado por livro do professor.

1. Geometria (1º grau) 2. Matemática (1º grau) I. Mercadante, Hilton. II. Título. III. Série.

98-0274 CDD-372.7

Índices para catálogo sistemático:

1. Matemática : Ensino de 1º grau 372.7

Egidio Trambaiolli Neto
Bacharel em Química e licenciado em Matemática. Professor de 1º e 2º graus no Colégio Mater Amabilis, em Guarulhos (SP)

EDITORA:
JÚNIA LA SCALA
EDITOR ASSISTENTE:
FABIANO A. L. WOLFF
EDIÇÃO DE TEXTO:
MARGARET PRESSER
REVISORES:
ALESSANDRA ABRAMO
CÉLIA REGINA S. SIGISMONDI
FAUSTO ALVES BARREIRA FILHO
MARIA BEATRIZ DE OLIVEIRA ABRAMO
EDIÇÃO DE ARTE:
MARIA PAULA SANTO SIQUEIRA
PROJETO GRÁFICO:
SANDRA B. CARVALHO HOMMA
PESQUISA ICONOGRÁFICA:
COORDENAÇÃO: SÔNIA ODDI
PESQUISA: WALTER SAGARDOY
ILUSTRAÇÕES DE MIOLO E DE CAPA:
HILTON MERCADANTE
DIAGRAMAÇÃO:
NADIR FERNANDES DA SILVA
EDITORAÇÃO ELETRÔNICA:
FINALIZAÇÃO:
EZEQUIEL RACCHETI
COORDENAÇÃO:
CARLOS RIZZI
REGINALDO SOARES DAMASCENO

ÍNDICE

APRESENTAÇÃO

Você gosta de encontrar soluções para desafios?

Neste volume, cinco crianças — Antônio, Cinthia, Adriano, Fabiana e Luciano — são convidadas por Cronos, o Senhor do Tempo, a desvendar o mistério envolvendo uma estranha jóia.

Com isso, elas são transportadas para o passado e, entre outras coisas, viajam num navio negreiro, enfrentam o violento terremoto de Lisboa e se deparam com a magia dos índios tupis.

Mas esse grupo precisará de ajuda.

E então, você está disposto a viajar no tempo e participar dessa aventura?

Eu sou Cronos. Tenho o poder de viajar
pelo espaço e pelo tempo.
Nesta minha existência vivi muitas histórias,
algumas fantásticas, cheias de aventuras.
A história que vou lhes contar aqui é uma delas.
Acho que poderia chamá-la de
A JAÇANÃ.

O SEGREDO DO CAMAFEU

Já era tarde quando o telefone tocou. Cinthia correu para atendê-lo.

— Quem é? — perguntou a mãe aflita.

— É de Portugal! — exclamou a menina. — É o primo Antônio Carlos!

A família ficou ansiosa com o telefonema. Vovó Bartira, que era filha de índios, até parou o seu bordado para pedir à neta que mandasse um beijo para Antônio.

Durante alguns minutos a família se revezou para conversar com o menino, até Adriano receber a notícia de que Antônio viajaria para o Brasil.

— Você virá aqui passar alguns dias? — perguntou Adriano.

— Sim — respondeu o garoto do outro lado da linha. — Estarei aí com meus pais de 11 a 18 de setembro, para comemorar o aniversário da vovó Bartira.

— Legal, assim você poderá participar também dos festejos do aniversário do Jaçanã, que acontecem no Clube de Campo Guapira na mesma semana!

O BAIRRO DO JAÇANÃ

Localizado na região norte da cidade de São Paulo, o bairro do Jaçanã está situado entre Tucuruvi, Vila Medeiros, Parque Edu Chaves, Tremembé e o município de Guarulhos.

De acordo com documentos de 1870, durante o Império o local era denominado Oroguapira e englobava alguns bairros vizinhos. O nome, de origem tupi, designava uma terra rica em ouro. Como o ouro não foi encontrado, o prefixo *oro* foi omitido, restando a palavra Guapira.

A área de Guapira era constituída de campos e matas, habitadas por índios. Depois foi colonizada, principalmente por italianos e portugueses, que implantaram culturas de uva e de trigo.

Algumas olarias e uma fábrica de vidro foram as primeiras indústrias da região, mas o bairro Guapira era mais conhecido pelas entidades assistenciais ali instaladas: o Asilo dos Inválidos, atual Dom Pedro II, e o Hospital dos Leprosos e Doentes dos Pulmões, atual Hospital São Luís Gonzaga. Em 1930, o dr. Emílio Ribas solicitou a transferência dos doentes para outro local, e os moradores decidiram mudar o nome do bairro, até então associado às casas de saúde. Escolheram o nome Jaçanã, ave que era comum na região.

O Jaçanã tornou-se popular na voz dos Demônios da Garoa, que cantavam a música *Trem das onze*, do sambista Adoniran Barbosa:

Não posso ficar
Nem mais um minuto com você.
Sinto muito, amor,
Mas não pode ser.
Moro em Jaçanã.
Se eu perder esse trem,
Que sai agora às onze horas
Só amanhã de manhã.

AE

Demônios da Garoa, os primeiros a gravarem a música Trem das onze

Na verdade, a rede ferroviária foi desativada durante a década de 1960, e o local em que o trenzinho corria se transformou na avenida Benjamim Pereira.

(Pesquisa realizada na Associação Museu Memória do Jaçanã.)

Após desligarem o telefone, começou a contagem regressiva para a chegada do primo. Afinal, faltavam apenas cinco dias.

No dia da chegada, todos, inclusive a vovó Bartira, foram esperá-los no aeroporto de Cumbica, em Guarulhos. Antônio foi o primeiro a aparecer no portão de desembarque. Logo depois vieram seus pais.

Antônio estava com um ar misterioso, muito compenetrado, pouco festejando sua chegada ao Brasil.

— O que há? — perguntou o tio.

— Nada, titio, acho que o vôo deixou-me enjoado.

Cinthia e Adriano procuravam descobrir o que estava acontecendo com o primo, habitualmente extrovertido. Ao chegarem à lanchonete do aeroporto, em mesa separada dos pais e dos tios, o garoto resolveu se abrir com os primos.

— Algo muito estranho aconteceu no avião! — explicou Antônio. — Um velho que nunca tinha visto me parou quando voltava do banheiro e me disse com uma voz misteriosa: "Esteja dia 15, de manhã, na praça central do Jaçanã com seus primos brasileiros e com os melhores amigos deles, pois estarei lá para que me ajudem a salvar seus filhos".

— Esse cara deve ser algum maluco! — exclamou Adriano.

— Não, ele me parecia sincero. Além disso, como ele sabia que eu estava vindo para cá? — comentou o jovem português.

—Vai ver que ele trabalha na companhia aérea — tentou justificar Cinthia.

— Não acredito. Se fosse assim, ele só saberia que estávamos vindo para o Brasil, e não necessariamente para o Jaçanã.

— Que mistério! — exclamou Cinthia, entre uma dentada e outra no seu sanduíche.

— O pior de tudo é que ele me deu este pequeno camafeu com um buraco no meio — comentou o garoto, mostrando aos primos a pedra semipreciosa que tinha parte de uma figura em alto-relevo.

— Não dá para entender qual era a figura desse camafeu. Mas é a única pista que temos — refletiu Adriano.

Os primos continuaram conversando, e seus pais nem desconfiavam do que se passava.

Ao chegarem em casa, Adriano e Cinthia ligaram para seus amigos, os irmãos Luciano e Fabiana, que rapidamente chegaram para conhecer o primo português.

Luciano e Fabiana eram tataranetos de escravos e tinham, próximo ao clube Guapira, um pequeno museu com peças arqueológicas que haviam pertencido aos seus ancestrais do período da escravidão, além de algumas peças indígenas.

— Que maravilha! — exclamou Antônio, surpreso ao conhecer o pequeno museu criado pelas crianças.

— Temos aqui uma moeda igual à que o senhor de escravos usou para comprar nosso tataravô. É de 1884 — explicou Fabiana.

As crianças passaram o dia resgatando passagens históricas. Adriano e Cinthia fizeram questão de convidar seus amigos para a festa de aniversário da vovó Bartira, e eles aceitaram prontamente.

A velha Bartira aniversariava um dia antes da data marcada pelo estranho homem que Antônio encontrara no avião. Na manhã do aniversário, a bondosa senhora reuniu os netos e seus amigos e começou a contar histórias de sua juventude. Em uma das passagens, falou sobre um namorado que adorava recitar-lhe versos.

— Que romântico! — exclamou Cinthia.

Vendo a atenção que a história despertava, vovó Bartira decidiu contar um segredo.

— Apesar de não ter me casado com esse pretendente, eu guardei um estranho objeto, uma espécie de broche que ele me deu antes de desaparecer.

— Como assim? — perguntou Antônio. — Ele desapareceu?

— Sumiu, nunca mais deu notícia. Acho que foi defender seu país na guerra, ele era grego! — explicou a velha.

— Onde está o broche? — quis saber Luciano.

— Larga a mão de ser curioso! — repreendeu Cinthia.

A velha sorriu e disse:

— Seu avô nunca se importou com isso. Aliás, ele jamais quis saber o que era aquele estranho objeto.

Vovó Bartira resolveu pegar o objeto e mostrou aos jovens, que ficaram admirados.

— Que lindo! — exclamou Cinthia.

— Pois bem, como você é minha sucessora, lhe darei o objeto, mas com uma condição: que você não se desfaça dele — pediu a senhora.

— Mas vovó... — começou a menina, hesitante.

— Aceite, é de coração! — insistiu a avó.

Os amigos se reuniram para apreciar o broche, mas nem toda paixão arqueológica dos irmãos conseguiu desvendar o mistério daquela peça.

Voltaram a se encontrar na festa. Como dona Bartira aniversariava no mesmo dia que o bairro, ficou difícil saber qual festa estava mais animada. Havia fogos espocando no ar, um cheiro de comida nativa e músicas alegres. Os convidados ora ficavam na casa, comemorando o aniversário da avó, ora andavam um quarteirão para assistir aos festejos do bairro.

Numa das escapadas, Antônio teve a nítida impressão de ter visto o homem misterioso, mas acabou se convencendo de que estava sendo traído por sua imaginação.

Finalmente chegou o dia do encontro. Meio temerosos, Antônio e os demais sentaram-se num dos bancos do meio da praça e se puseram a conversar.

— Este camafeu ainda me intriga! — exclamou Antônio ao tirá-lo do bolso.

— Eu estou mais intrigada com o broche que a vovó me deu! — disse Cinthia.

Adriano teve uma idéia:

— Emprestem-me os dois objetos.

Ao ver que os dois objetos tinham cores parecidas, teve a idéia de tentar encaixá-los. E deu certo! O broche e o camafeu se encaixavam perfeitamente!

No segundo seguinte, o objeto começou a emitir uma luz intensa, e a imagem que se formara com a união das duas peças transformou-se num turbilhão.

— Meu Deus! — exclamou Antônio. — O que é isto? Como pode?

— Pode! — exclamou uma voz grave, enquanto a luz perdia sua intensidade.

— O homem do avião! — espantou-se Antônio. — Pensei que nunca mais o encontraria.

— Pois eu estou aqui! Permitam que me apresente. Sou Cronos, o Senhor do Tempo, um deus da mitologia grega que viaja no espaço e no tempo.

— Mas como? — insistiu Antônio.

— Não importa como, mas estou aqui e, como Senhor do Tempo, não tenho tempo a perder. Segundo meus cálculos, estou alguns anos atrasado. Eu deveria ter sido chamado em 1994.

— Como assim? — perguntou Adriano.

— Minha missão deveria ter sido realizada em 1994, mas tive um compromisso inadiável no Oriente Médio. Fui chamado para impedir a Terceira Guerra Mundial.

Fabiana, assustada com o relato, perguntou algo que a intrigava.

— Mas e o camafeu e o broche, que se encaixaram perfeitamente?

— Eles funcionaram como um passaporte para que eu viesse — explicou Cronos.

— Mas por que nós? — perguntou Luciano.

— Olhem para o centro do camafeu! — ordenou o velho.

Os jovens olharam a imagem que se formara.

— Uma ave! — exclamou Cinthia.

— Só que não é uma ave qualquer — explicou o velho. — É uma jaçanã. É a marca da Ordem da Jaçanã!

A AVE JAÇANÃ

Zig Koch/Reflexo

Ave de aproximadamente 35 centímetros, cor predominantemente preta, dorso e flanco pardo-avermelhados, asas verde-amareladas e bico vermelho.

No encontro das asas tem uma saliência pontiaguda. Apresenta pernas longas e dedos compridos que lhe permitem caminhar sobre folhas que bóiam nas águas, como as vitórias-régias. Normalmente, busca seu alimento na lama ou em águas rasas. Habita quase toda a América do Sul.

— E que ordem é essa? — quis saber Cinthia.

— É um grupo secreto que tem a missão de socorrer a humanidade quando a paz está ameaçada — respondeu Cronos.

— Mas quem pertence a essa ordem? — perguntou Adriano.

— Os membros mudam conforme o tempo. Na última vez em que a Ordem da Jaçanã foi ativada, o mundo vivia a Segunda Guerra. Mas no final da guerra parte do camafeu desapareceu e foi parar nas mãos de sua avó.

— Então foi por isso que você nos procurou! — concluiu Luciano.

— Sim, o destino quis que os novos escolhidos surgissem neste local — explicou o velho.

— É por isso que nós fomos os escolhidos? — quis saber Adriano. — Só porque moramos aqui?

— Infelizmente não posso lhes revelar mais nada. Apenas que a missão está relacionada ao amanhã e aos filhos que vocês terão no futuro.

— O que teremos de fazer? — perguntou Antônio. — Afinal, eu não sou daqui.

— Não importa de onde você está vindo. Isso tem que ver com o futuro, e você também estará envolvido — disse Cronos.

Durante algum tempo Cronos ainda teve de explicar sobre suas viagens, mas logo lhes apresentou um enigma:

— Antes de iniciarmos nossa missão, precisamos solucionar um enigma, que nos revelará para qual lugar e qual período deveremos viajar. Olhem para o tronco desta árvore — disse Cronos, apontando para um chorão frondoso que havia na praça.

— Não vejo nada além de ranhuras — disse Luciano.

Cronos ergueu seu braço direito, concentrou-se e, quando menos esperavam, as ranhuras começaram a se movimentar formando um pequeno redemoinho na casca da árvore.

— Gente! — balbuciou Cinthia.

Cronos sorriu e explicou:

— Vejam, existem algumas inscrições que foram destruídas pelo tempo.

— Como assim? — indagou Adriano.

— As árvores crescem apenas na parte de cima e para os lados. Portanto, o que foi escrito há centenas de anos numa determinada altura do tronco permanecerá na mesma altura. Voltando no tempo, podemos reverter o crescimento e descobrir o que está escrito.

— E o que está escrito? — perguntou Adriano.

Fabiana, que até então estava calada, falou com espanto:

— É tupi! As palavras são tupis mas a frase está confusa.

— É mesmo! — confirmou seu irmão.

— Vocês conseguiram identificar! Isso confirma que vocês são os escolhidos! Portanto, só nos resta decifrar a mensagem — disse Cronos. E leu:

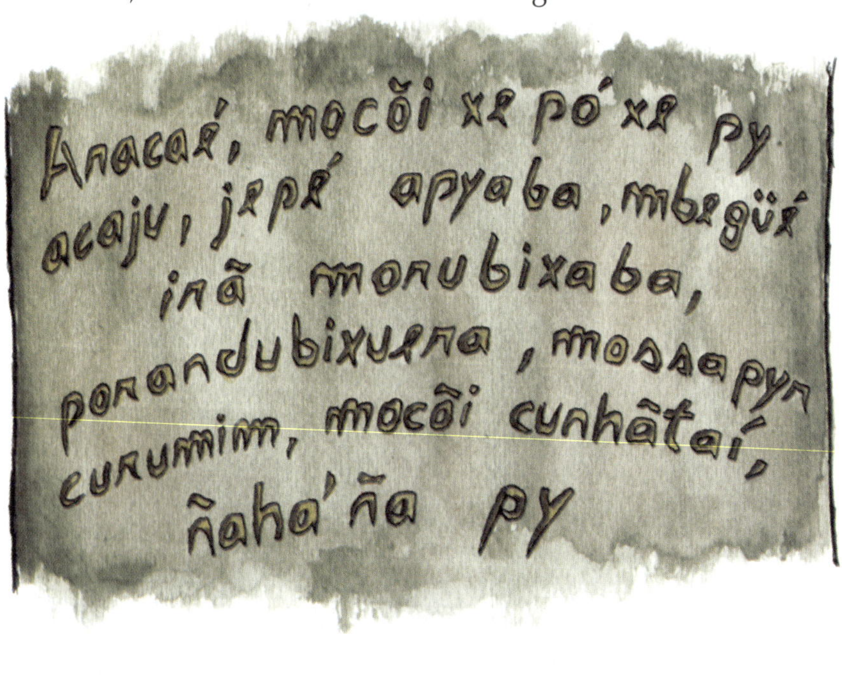

Luciano, que estudava a língua tupi para conhecer melhor a cultura indígena, logo identificou as palavras. Tirou um papel do bolso e foi escrevendo o significado:

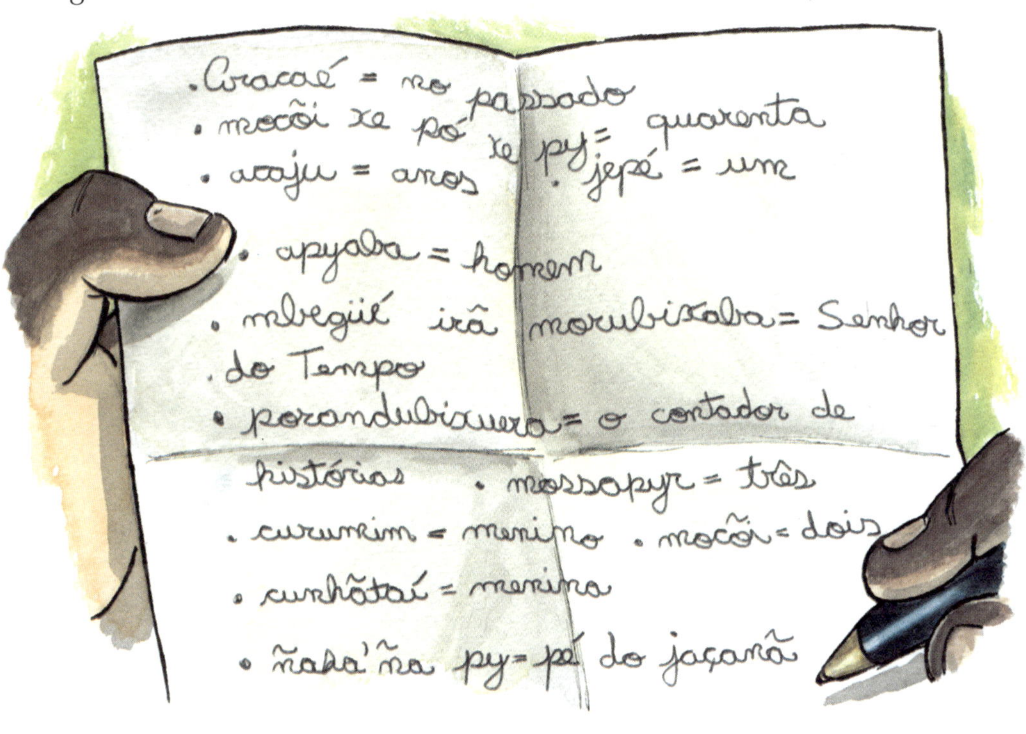

Depois concluiu:

— Acho que a mensagem é: "No passado, há quarenta anos, um homem, o Senhor do Tempo, o contador de histórias, três meninos e duas meninas aos pés do Jaçanã".

— Aos pés do Jaçanã, não — corrigiu Cronos. — *Nas pegadas da jaçanã.*

— E o que isso significa? Teremos de voltar quarenta anos no tempo? — perguntou Antônio.

— Sim, garoto — respondeu o velho. — Vocês todos já devem ter concluído que os jovens de que fala o enigma são vocês.

— E vamos voltar quarenta anos? Quer dizer, *mocõi xe pó xe py* anos? Quantas palavras os índios tupis usavam para falar o número quarenta! — comentou Adriano.

— Realmente, o sistema numérico que usavam era um tanto curioso. — E o Senhor do Tempo se pôs a explicar. — Os números tupis, inicialmente, iam apenas até o quatro. A partir daí, eles diziam *muitos*.

— Que engraçado! Quer dizer que depois dos quatro anos de idade uma pessoa teria apenas *muitos anos* — brincou Cinthia.

— Então, a vovó Bartira teria *muitos muitos* — concluiu Adriano.

Cronos continuou a explicação, que os jovens ouviram atentamente.

— Posteriormente, com a chegada do homem branco, os tupis desenvolveram novas formas de contagem.

E escreveu na terra, com um galho seco:

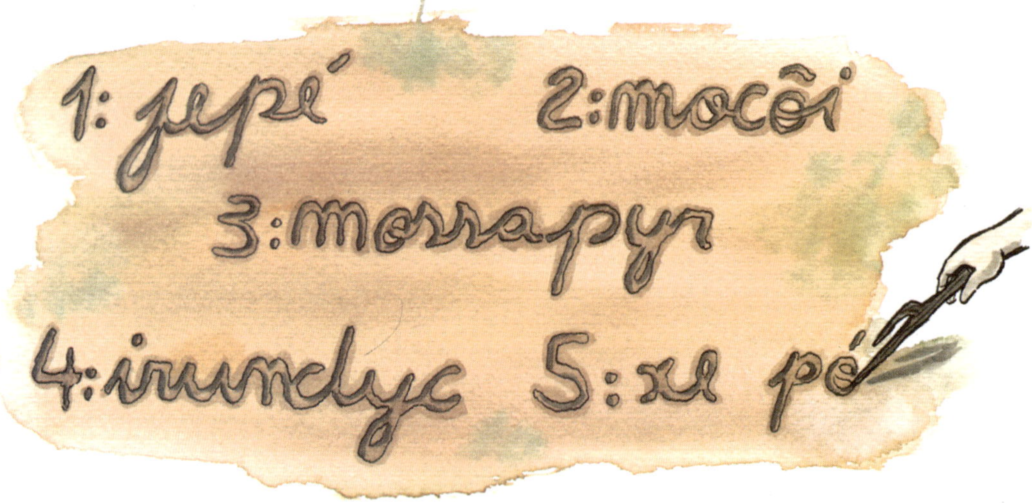

Depois explicou:

— *Xe pó* significa *minha mão*, em referência ao número de dedos de uma das mãos.

— Que curioso! — interrompeu Cinthia. — E a partir daí, como eles contavam?

Cronos continuou a traçar na terra, enquanto explicava:

6 : *xe pó jepé* — significa *minha mão mais um*

7 : *xe pó mocõi* — significa *minha mão mais dois*

8 : *xe pó mossapyr* — significa *minha mão mais três*

9 : *xe pó irundyc* — significa *minha mão mais quatro*

10 : *mocõi pó* — significa *duas mãos*

— Fantástico! — exclamou Antônio. — E depois dizem que os índios são selvagens; até sabem somar!

Cronos completou:

— O melhor ainda está por vir. Como você acha que os tupis falavam o número onze?

— Ora, pois, acredito que seja *mocõi pó jepé*, que seria *duas mãos mais um* — respondeu o português.

— Exatamente! Assim, podemos entender como contavam até dezenove: *mocõi pó xe pó irundyc*. E o número vinte?

Antônio aceitou o desafio novamente:

— Seria *irundyc pó*?

— Desta vez você errou. Eles falavam *xe pó xe py*, que embora signifique *minha mão e meu pé*, eles consideravam como se fossem *mãos* e *pés*. Logo, vinte dedos.

Os primos assistiam ao desafio com interesse.

— Então, vinte e um seria *xe pó xe py jepé*? — perguntou Cinthia.

— Exato. E vocês conseguiriam entender como os tupis falavam o número trinta? — desafiou Cronos.

Luciano e Fabiana ameaçaram dar a resposta, mas o Senhor do Tempo interrompeu dizendo que eles, como estudiosos do tema, não poderiam falar.

— O trinta seria *irundyc pó xe py*, ou seja, *quatro mãos e meus pés*? — arriscou Adriano.

— Exato! Como você descobriu? — perguntou o velho.

— Simples, se vinte é *xe pó xe py*, pensei que se colocássemos na frente o quatro, ou seja, *irundyc*, teríamos *quatro vezes minha mão mais meus pés*. Assim, 4×5 é igual a 20 e $20 + 10$ dá 30.

Admirado, Antônio completou:

— Que maravilha, eles efetuavam multiplicações e adições elementares!

— Muito bem, meus jovens, acabam de ganhar uma passagem inteiramente grátis para o passado, no bairro do Jaçanã, em 1954.

— Por que em 1954? — perguntou Luciano.

— Simples. Como minha missão deveria ter sido realizada em 1994, quarenta anos antes correspondem a 1954 — explicou o velho, com um sorriso maroto nos lábios.

Reuniu os jovens e os conduziu para o passado.

O TREM DAS ONZE

Os viajantes do tempo ficaram surpresos com as mudanças que o bairro sofrera nos últimos anos. Suas roupas eram completamente inadequadas para a época, tanto que Cronos procurou escondê-los atrás de alguns arbustos na estação ferroviária.

Acervo de Osvaldo Gonçalves

Jaçanã em 1954

— Que barato! — exclamou Adriano. — Ouço som de chorinho!

— Ei, cadê a praça? — perguntou Cinthia.

— Pior não é a praça ter desaparecido, e sim esta estação ferroviária ter surgido aqui! Isso é tão intrigante! — exclamou Luciano.

Enquanto eles se escondiam, Cronos foi a um alfaiate conhecido que trabalhava perto da estação.

— Por onde andava, caro amigo? Há tempos não o vejo e não pego seus ótimos palpites para os jogos do campeonato! — disse o alfaiate.

Cronos, que se apresentava como caixeiro-viajante, respondeu:

— Estive trabalhando, Nestor, e, como você sabe, não paro em cidade nenhuma.

— E o que faz aqui? — perguntou o alfaiate.

— Estou precisando de roupas para alguns jovens.

— Quantos?

— Cinco — respondeu o Senhor do Tempo. — Três meninos e duas meninas.

— Cinco? — assustou-se o alfaiate.

— Exato, mas estou sem dinheiro no momento — disse Cronos.

— É roupa demais. Para ganhar uma, responda rapidamente: numa sala existem gatos, e cada gato vê outros três gatos; quantos gatos existem na sala?

— Amigo Nestor, são quatro gatos. Afinal, se cada gato consegue ver outros três, então ele e mais os três companheiros completam os quatro.

— Tudo bem, você venceu. Tome a roupa, meu amigo.

— Mas apenas uma não me é suficiente! — suplicou Cronos.

O alfaiate ficou pensativo, mas logo fez uma proposta:

— Como você sabe, não resisto a uma aposta, e meus amigos estão apostando no campeão de futebol para o quarto centenário da cidade de São Paulo. Como seus palpites são infalíveis, diga-me quem será o campeão e eu lhe darei as roupas.

— Aposte no Corinthians e não se arrependerá — disse o Senhor do Tempo com convicção.

O alfaiate agradeceu e murmurou: "Como ele pode ter tanta certeza?".

Depois completou:

— Vou confiar em você. Escolha as roupas de que precisa e tenha boa sorte.

Cronos pegou as roupas, despediu-se e seguiu ao encontro dos seus companheiros. Ao chegar, notou que Antônio tinha nas mãos um pedaço de papel.

— Que papel é este? — perguntou.

— Um casal misterioso usando longos sobretudos deixou cair — respondeu Fabiana. — Pensamos até em devolvê-lo, mas achamos melhor aguardar sua chegada.

— Eles diziam algo? — perguntou o Senhor do Tempo.

— Ela falou que embarcaria no trem duas vezes, em dois dias diferentes, com uma tal chave, e entregou ao homem este bilhete — contou Cinthia.

Cronos ficou pensativo e pediu que Antônio lesse o bilhete.

— "Seus olhos tão negros, tão belos, tão puros." Isto é um verso de Gonçalves Dias! — exclamou Antônio, reconhecendo o poema.

GONÇALVES DIAS

Henrique Fleiuss. in *Revista da Semana*, nº 18

Antônio Gonçalves Dias, poeta brasileiro da primeira geração romântica, foi o iniciador da corrente indianista na poesia. Filho de um comerciante português com uma mestiça brasileira, Gonçalves Dias nasceu no Maranhão em 1823 e faleceu nas costas maranhenses, vítima de um naufrágio, em 1864.

O mais conhecido poema de Gonçalves Dias, "Canção do Exílio", foi escrito em 1843. Sua obra indianista pode ser avaliada pelo notável poema épico "Os Timbiras", publicado em 1857.

Destacou-se, também, como historiador, etnógrafo e lingüista.

— É apenas um bilhetinho de amor! — disse Adriano.

— Não, não! — interrompeu Cronos. — É exatamente isso que os autores do bilhete querem que os outros pensem. Mas nós temos de desvendar a mensagem.

— É verdade, o casal era louro de olhos azuis! — lembrou Fabiana.

— Ainda não entendi! — insistiu o garoto.

— Observe a estrutura deste verso — disse o Senhor do Tempo. — É um verso hendecassílabo, ou seja, verso onde a última sílaba tônica aparece na décima primeira sílaba: "Seus olhos tão negros, tão belos, tão **pu**ros".

— Mas o que isso tem que ver com a mensagem? — perguntou Fabiana.

— Vamos analisar com calma — sugeriu Cronos. — Além da décima primeira sílaba, temos outras sílabas tônicas: a segunda, a quinta e a oitava. "Seus **o**lhos tão **ne**gros, tão **be**los, tão **pu**ros."

— Ei, isso não seria alguma forma de orientação? — perguntou Antônio.

Cronos confirmou, balançando a cabeça.

— Segunda e quinta-feira às oito e às onze horas? — disse Antônio.

— É óbvio! — vibrou Cronos. — São os possíveis dias de embarque da moça misteriosa.

— Então já sabemos quando e onde encontrá-la! — adiantou-se o menino.

— Não, provavelmente apenas uma data é a verdadeira — ponderou Cronos.

— Acho que é na quinta-feira às onze horas — disse Fabiana.

— Por que diz isso, menina? — indagou o irmão.

— Ora, se os versos são hendecassílabos, provavelmente essa sua característica teria alguma função mais importante!

— Tem razão! — exclamou o velho. — Vamos nos aprontar, temos de interceptar a moça e descobrir qual é o mistério.

Na quinta-feira, o grupo já estava a postos.

— Ei-la! — murmurou Cronos a seus discípulos, indicando discretamente a plataforma de embarque.

Cronos conseguiu algum dinheiro para pagar a passagem, vendendo seu chapéu para um senhor distinto que passava na estação.

Acervo de Osvaldo Gonçalves

O famoso trem das onze. No detalhe, Adoniran Barbosa na estação ferroviária.

— Ela embarcou no quinto vagão! — observou Antônio.

Todos embarcaram. Cronos aproximou-se da jovem.

— Permita-me, senhorita? — disse, pedindo licença para sentar-se ao seu lado.

A jovem se manteve discreta e fez um leve gesto afirmativo com a cabeça.

Durante todo o trajeto, Cronos permaneceu quieto enquanto os jovens apreciavam a paisagem. Cinco estações depois, um estranho entrou no trem e se posicionou em pé, ao lado de Cronos.

— Por que embarcou aqui? — perguntou a moça.

— Perdi o bilhete, tive de entrar em contato com nosso amigo para saber o que fazer — explicou o homem.

— Não devia ter feito isso, foi imperdoável! — censurou a jovem com nervosismo.

Tentando amenizar o clima, o homem misterioso enterrou seu chapéu na cabeça e perguntou:

— Trouxe meu lanche?

— Sim, pegue, mas tome cuidado! — disse a jovem, entregando um pequeno pacote embrulhado em um lencinho bordado, que ele imediatamente guardou no bolso do sobretudo.

Cronos percebeu que aquilo não era um lanche, e fez um sinal aos seus amigos, para que tentassem pegar o pacote.

Adriano teve a idéia de puxar o laço do cabelo de Cinthia, para simular uma briga e distrair o casal misterioso. Fez um sinal à irmã, puxou a fita e a confusão começou.

Antônio e Adriano levantaram-se e se atracaram. Nesse momento, os dois rolaram pelo chão e conseguiram derrubar o homem no assoalho do vagão. Cinthia percebeu que com a queda o pacote caiu do bolso do homem e aproveitou a confusão para pegá-lo.

Fabiana sussurrou no ouvido de Cronos que Cinthia havia conseguido recolher o pacote. Ao perceber que ela já havia guardado o embrulho, Cronos interrompeu:

— Parem, arrependo-me de ter saído com vocês!

Os jovens se aquietaram, fingindo ressentimento.

— Nunca mais! — ralhou o velho. E depois, dirigindo-se à moça, que ajudava o homem a se recompor: — Netos, melhor não tê-los! Bem, desceremos na próxima estação!

Nesse momento, o homem percebeu que seu pacote havia desaparecido e começou a procurá-lo desesperadamente. A sorte dos viajantes é que a estação do Brás estava a alguns poucos metros, pois o homem já estava impaciente.

Cronos e a turma trataram de descer enquanto o homem ouvia as reclamações da jovem. Quando perceberam que estavam em local seguro, abriram o pequeno embrulho.

— Aqui não tem chave nenhuma, tem só as pernas de bronze de uma ave — lamentou Luciano.

— Acalme-se, não são as pernas de uma ave qualquer, e sim as pernas da jaçanã de bronze desaparecida, um símbolo que os índios tupis consagravam. Guarde essas peças porque são importantes — aconselhou o velho.

— Olhem o bordado deste lenço... — exclamou Antônio. — É a cruz suástica.

— Cruz o quê? — perguntou Cinthia.

— A cruz que foi adotada pelos nazistas como símbolo na Segunda Guerra Mundial! — explicou o menino. — Lá na Europa ainda é um símbolo temido.

— É incrível, mas a suástica era apenas a representação da felicidade, da saudação e da salvação entre os budistas e os brâmanes — explicou Cronos.

— E por que ela tem esta forma? — perguntou Fabiana.

— Na realidade, ela foi criada a partir da letra grega *gama* maiúscula disposta em ângulos retos — disse o Senhor do Tempo.

— Como é a letra gama maiúscula? — quis saber Antônio.

Cronos a desenhou no meio do lenço:

Γ

— Veja que, se a repetirmos formando ângulos retos em sua base, teremos isto:

— Afinal, eles eram nazistas ou budistas? — perguntou Luciano.

— Nazistas, eram membros da gestapo, a polícia secreta que Hitler havia criado durante seu regime, na Segunda Guerra. Apesar de a guerra ter acabado, algumas pessoas ainda perturbam a paz mundial! — disse Cronos.

GESTAPO

Polícia secreta alemã, durante a Segunda Guerra Mundial. Dividia-se em dois setores: a polícia de ordem e a polícia de segurança, que cuidava de assuntos políticos.

A gestapo fazia a vigilância dos campos de concentração, onde milhões de cidadãos foram presos e cruelmente assassinados.

— Mas por que estavam em Jaçanã? — perguntou Cinthia.

— Gostaria de saber, mas veja só, há algo escrito no lenço — notou o Senhor do Tempo, e leu: —"Falam deuses nos cantos do piaga/ Ó guerreiros, meus cantos ouvi".

— É Gonçalves Dias novamente! — exclamou Antônio.

— O que é *piaga*? — perguntou Adriano.

— Significa *pajé* — respondeu Cronos.

— Então, esta é a pista que procurávamos? — quis saber Antônio.

— Creio que sim, ela fala em deuses, guerreiros e pajés. Além disso, são versos eneassílabos, ou seja, têm nove sílabas e que apresentam sílabas tônicas na terceira, na sexta e na nona sílaba de cada verso: "Falam **deu**ses nos **can**tos do **pia**ga /Ó guer**rei**ros, meus **can**tos ou**vi**" — recitou, reforçando as sílabas.

— Então, o que devemos fazer? — perguntou Fabiana.

— Voltaremos ao local onde fica a árvore que tem a mensagem que nos trouxe até aqui — respondeu Cronos.

— Mas o que significam as sílabas tônicas destacadas? — perguntou Antônio.

— Não sei, vamos até o local da árvore e talvez tenhamos alguma indicação sobre o caminho a seguir — sugeriu Cronos.

Ao chegar, notaram algo estranho:

— Olhem, aqui perto da árvore há um grande trecho onde a terra foi remexida — disse Adriano.

— Esperem, não pisem! — alertou Cronos. — Vejam que no chão há algumas pegadas.

— É verdade, o chão está cheio de pegadas de galinha! — disse Fabiana.

— Deixe de ser tola! — falou o irmão. — São pegadas de jaçanã.

Cinthia teve uma brilhante idéia:

— Lembram-se das sílabas tônicas do verso? Elas estavam localizadas nas terceiras, sextas e nonas sílabas.

— E daí? — quis saber Adriano.

— Talvez devamos considerar a terceira, a sexta e a nona pegadas como marcas — continuou a menina.

Cronos concordou com a proposta, e os viajantes olharam atentamente para as marcas do chão.

— São praticamente iguais; os ângulos entre os dedos parecem ser idênticos! — exclamou Adriano.

— Acredito que sim, mas não tenho como conferir! — lamentou o Senhor do Tempo.

Luciano, que até esse momento estava concentrado, teve uma idéia:

— Já sei, usarei o mostrador do meu relógio.

Sob o olhar admirado dos companheiros, o garoto desmontou seu relógio para retirar o mostrador.

— Vou usar o mostrador como um transferidor de 360 graus — explicou.

— Como você fará isso, maninho? — perguntou Fabiana.

— Simples. Se compararmos o transferidor de 360 graus com o mostrador do meu relógio, notaremos que ambos são divididos em partes iguais. Se dividirmos 360 graus por 12, saberemos que ângulo o ponteiro grande descreve a cada cinco minutos. Como a divisão dá 30, cada cinco minutos correspondem a 30 graus.

— Quer dizer que a cada minuto correspondem 6 graus! — concluiu Cinthia.

— Exato, afinal 360 dividido por 60 dá 6 — confirmou o amigo.

Então, Luciano foi medir os ângulos nas pegadas.

— Pelo mostrador, a medida equivale a 5 minutos no relógio... — disse Luciano, pensando alto.

— Então, cada pegada completa tem 60 graus de medida angular? — questionou Adriano.

— Exato! — disse o Senhor do Tempo. — E é aí que tudo se encaixa.

— Como assim? — quiseram saber todos ao mesmo tempo.

— Lembrem-se: tínhamos dois versos que apresentavam três sílabas tônicas cada um; portanto, aparecem seis vezes.

— E daí? — perguntou Antônio.

— Simples! 60 graus vezes 6 é igual a 360 graus, um ciclo completo!

— Quer dizer que cumprimos nossa missão? — perguntou Adriano.

— Ainda não. Apenas esta etapa. Ainda temos de descobrir para onde e quando iremos — explicou Cronos.

— Senhor! — chamou Antônio. — Os versos eram eneassílabos... Será que não teríamos de observar melhor a nona pegada?

— Boa sugestão! — agradeceu o Senhor do Tempo.

Depois de alguns minutos de observação, Fabiana chamou a atenção de todos:

— Olhem para onde aponta cada dedo da pegada da jaçanã.

Cronos e seus amigos logo perceberam que era o sinal do caminho que deviam seguir.

— O primeiro dedo da jaçanã aponta para aquele campo de futebol de várzea — disse Luciano. — Irei com Adriano até lá para ver se descubro algo.

— O segundo aponta para aquele salão onde há um cartaz de concurso de Princesa dos Trabalhadores — observou Fabiana. — Eu irei com Cinthia investigar.

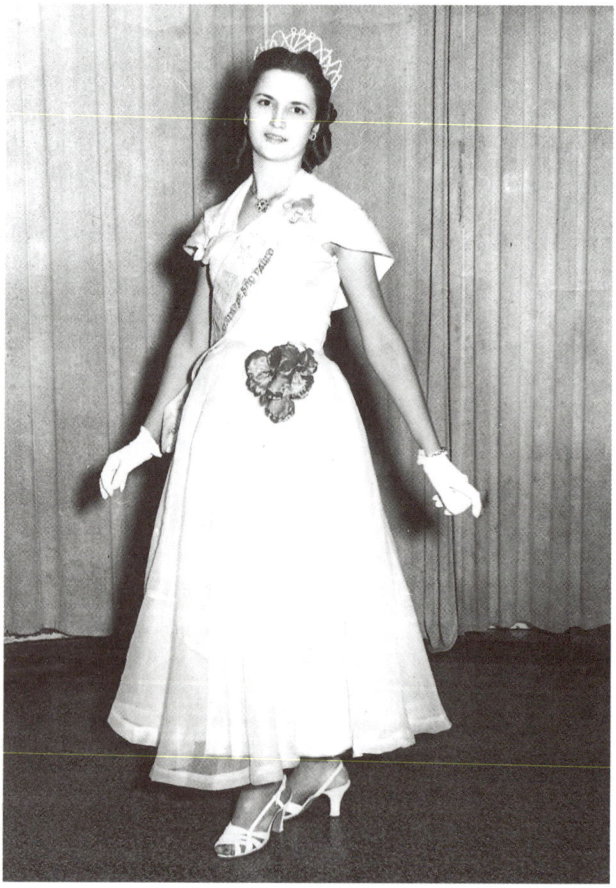

Cedido por Família Trambaioli

Adelina Virgínia Gonçalves, Princesa dos Trabalhadores de 1954

— O último dedo aponta para aquela casa com um pé de manacá na frente — falou o Senhor do Tempo. — Vou com Antônio para ver o que conseguimos e dentro de uma hora todos nos reunimos neste mesmo local.

No prazo combinado, o grupo estava reunido novamente.

Luciano e Adriano descobriram que havia sete clubes de várzea disputando um torneio. O mais interessante é que os clubes tinham distintivos muito parecidos, todos com formato de escudos e faixas coloridas. O campeão foi um clube cujas cores eram verde e vermelha.

Cinthia e Fabiana chegaram com o resultado do concurso de Princesa dos Trabalhadores. Entre as sete finalistas, venceu uma jovem de nome Adelina, que além de seu prêmio em dinheiro ganhou junto com as seis companheiras uma viagem marítima a Porto Alegre, capital do Rio Grande do Sul, com direito a visitar a cidade histórica de Torres.

Cronos e Antônio também tiveram sucesso. Naquela casinha morava um neto de escravos, que lhes mostrou uma jaçanã de barro que ganhara de seu avô. Segundo o neto do escravo, aquela jaçanã de barro datava de 1755, chegou a pertencer a Dom João VI . Era a réplica do ídolo de bronze cunhado pelos portugueses e consagrado pelos índios ao deus Tupã.

— Acho que agora está tudo claro — exclamou Cronos.

— O quê? — perguntaram os demais.

— Sete escudos, e o vencedor tinha as cores verde e vermelha; sete viagens a uma cidade de nome Torres; e uma jaçanã de barro datada de 1755. Isso não lhes diz nada? — questionou o velho.

— Entendi! — exclamou Antônio. — Sete escudos, sete torres e as cores verde e vermelha estão presentes na bandeira de Portugal!

Rogerio Reis/Pulsar

— Exatamente, devemos ir a Portugal em 1755, mais especificamente à cidade do Porto — completou Cronos.

— Como sabe que é na cidade do Porto? — perguntou Antônio.

— O prêmio do concurso não eram viagens a uma cidade portuária? — indagou Cronos. — Então, preparem-se. Porto, 1755, aí vamos nós!

O NAVIO NEGREIRO

Ao chegarem à cidade do Porto, Cronos deu aos jovens um pouco de um elixir.

PORTO

Cobalto/Stock Photos

A cidade do Porto está situada às margens do rio Douro, num local onde os portuários criaram um povoado denominado Portus Cale, origem do nome Portugal.

Terra natal do Infante Dom Henrique, foi capital do país até 1174. As zonas antigas da cidade, com suas igrejas barrocas e monumentos históricos, são muito visitadas pelos turistas.

Atualmente, é a segunda maior cidade do País, sendo superada apenas por Lisboa.

— Para que serve isto? — perguntou Luciano.

— É um elixir para que vocês falem e possam compreender a língua local — respondeu o velho.

— Mas eles não falam português por aqui? — questionou Cinthia.

— Falam, mas a língua é muito diferente da língua do nosso tempo — respondeu Antônio.

— Além disso, estamos numa região portuária, e isso nos permitirá entender a linguagem dos estrangeiros. Vou aproveitar e providenciar algumas roupas adequadas para a época — disse o Senhor do Tempo, enquanto se aproximava de algumas lavadeiras à beira do rio.

— Bom dia, senhora! — exclamou Cronos, dirigindo-se a uma mulher que estava sentada em uma pedra observando as lavadeiras em seu trabalho. — Por que está tão pensativa?

— Por Deus do céu, trabalho para um velho homem que tem fama de ser justo, mas sempre que diz que vai nos beneficiar, acaba criando uma situação difícil.

— Como assim, minha senhora? — indagou o velho.

— Ele já está bem velho, não tem herdeiros e sofre de uma doença incurável. Como não teve descendentes, decidiu fazer a partilha de seus bens aos empregados. Para mim, prometeu seu comércio de roupas nobres, mas antes me passou um desafio.

— Quem sabe, se a senhora permitir que eu lhe ajude, talvez possa depois me ajudar — sugeriu Cronos. — Estou precisando de algumas roupas.

A desesperada senhora concordou: se ele resolvesse o desafio, ela lhe daria as roupas de que precisava.

— Desde que eu o conheci, meu patrão brinca com os números. Toda vez que jogamos 31, ele sempre foi o vencedor. O meu desafio é justamente vencê-lo nesse jogo.

— Como é o jogo? — perguntou o velho.

— Os competidores vão falando alternadamente os números em ordem crescente a partir do 1, só que sempre aumentando em uma, duas ou três unidades. Vence o primeiro que chegar ao 31.

Cronos sorriu e perguntou:

— Seu patrão sempre começa o jogo?

— Sim! — respondeu a mulher, sem nada entender.

— Pois esse é o segredo da vitória! — explicou o velho.

Ainda sem entender, a mulher reclamou:

— O senhor está me confundindo!

Cronos sorriu novamente e disse:

— Quando a pessoa inicia a brincadeira, ela sempre poderá prever o resultado. Veja, se o primeiro competidor disser o número 2, caberá ao seguinte dizer 3 ou 4 ou 5, certo?

— Certo! — respondeu a senhora.

— Portanto, se o primeiro competidor disser os números 3, depois 7, 11, 15, 19, 23, 27 e por fim o 31, será o vencedor. Observe que os valores foram aumentando de quatro em quatro unidades até atingir o 31. A partir do número que o outro competidor falar, qualquer que seja ele, o primeiro sempre conseguirá completar as quatro unidades e chegar a esses números.

Grata pela solução do problema, a mulher arranjou as roupas necessárias para que os viajantes do tempo continuassem sua jornada.

Cronos e a turma caminharam por terras portuguesas durante o reinado de Dom José I, numa época em que o Marquês de Pombal era o responsável pela administração de Portugal e de suas colônias.

MARQUÊS DE POMBAL

Sebastião José de Carvalho e Melo, chamado de Marquês de Pombal, nasceu em Lisboa em 1699 e morreu em Quinta do Pombal, em 1782.

Por indicação de um parente, conheceu o primeiro-ministro de Dom João V, que o nomeou para um posto político pela primeira vez. Com a morte do rei e a subida de Dom José ao trono, foi nomeado Secretário de Negócios Estrangeiros.

Foi o responsável pela instalação de algumas capitanias hereditárias, entre elas Mato Grosso e Piauí, e pela mudança da capital da colônia de Salvador para o Rio de Janeiro.

Por motivos políticos, destituiu os jesuítas de seus direitos e os perseguiu na Corte e na colônia. O atrito foi tamanho, que o Vaticano manifestou-se contra seus atos. Suas ações resultaram na expulsão dos jesuítas do Brasil, de Portugal e outros territórios lusos e até da Espanha. Em 1773, o papa Clemente XIV extinguiu a Companhia de Jesus.

Quando Dom José morreu, a rainha Dona Maria I assumiu o trono e perdoou grande parte dos jesuítas. O Marquês teve seu prestígio abalado, vindo posteriormente a abandonar o cargo que exercia.

— Olhem! Aquele colecionador leva alguns apetrechos indígenas! — exclamou Cinthia.

— É verdade — disse Luciano. — Aquelas peças são de índios brasileiros!

Cronos procurou ir ao encontro do colecionador para tentar descobrir a origem daquele material. Para isso, enterrou o chapéu na cabeça e ergueu a gola do sobretudo para não mostrar seu rosto.

— Desculpe-me, senhor — disse Cronos, aproximando-se do homem. — Onde você conseguiu esses objetos?

— Quer comprar? — perguntou o mercador, com um jeito arrogante.

— Quem sabe? — respondeu o velho.

O colecionador mostrou-se muito desconfiado, mas Cronos insistia em interrogá-lo.

— Vai custar bem caro. Afinal, tive de sacrificar muitos índios para conseguir esses apetrechos — falou o colecionador.

Cronos não se conteve e esbravejou:

— Assassino! Onde já se viu tanta crueldade!

O colecionador ficou irritado e chamou o guarda real. Os jovens se apavoraram, e Cronos procurou não reagir para não agravar a situação.

— O que houve? — perguntou o guarda real.

— Este homem deve ser um padre jesuíta. Tem compaixão pelos índios e anda com duas crianças negras, porém bem vestidas. Como sabes, o Marquês de Pombal não simpatiza com estes religiosos — disse o colecionador, com desdém. — Acredito que deveria levá-los ao encontro do Marquês!

Quando menos esperavam, o grupo foi separado. Cronos, Antônio, Cinthia e Adriano foram despachados para Lisboa, enquanto Luciano e Fabiana, em plena época da escravidão, foram mandados para um navio negreiro sem que seus companheiros soubessem.

— O que faremos? — perguntou Adriano ao Senhor do Tempo, com aflição.

— Ainda não sei, perdi a paciência e acabei complicando a situação — lamentou o velho, que era mantido amarrado no interior de um coche com os três amigos.

Inesperadamente, Antônio começou a ficar ainda mais nervoso.

— Algum problema? — perguntou Adriano.

— Sim, primo, estamos indo para Lisboa, e acabo de me lembrar de algo terrível! Ouvi o cocheiro comentar com seu companheiro sobre o dia em que estamos.

— E o que há de errado? — perguntou Cinthia.

— Estamos a quarenta dias do grande terremoto de Lisboa que aconteceu em 1755 — explicou o menino.

TERREMOTO DE LISBOA

Em 1º de novembro de 1755, Lisboa foi sacudida pelo mais grave terremoto de sua história, seguido de um grande incêndio, que destruiu totalmente a parte baixa da cidade. Milhares de pessoas morreram.

Coube ao Marquês de Pombal a reedificação da cidade. Graças a um grande projeto arquitetônico e ao ouro brasileiro, Lisboa conseguiu ressurgir das cinzas. Em homenagem ao Marquês, a região reconstruída recebeu o nome de Baixa Pombalina.

Cronos ficou apreensivo mas aconselhou calma. Afinal, acreditava que antes da tragédia iria encontrar uma forma de se libertar e ainda conseguir os objetos indígenas que estavam com o colecionador.

Enquanto isso, no navio negreiro, Luciano e Fabiana eram colocados com os demais escravos no porão. Procuravam manter-se calados para evitar qualquer hostilidade.

No meio das lamúrias dos escravos, um feitor com sua chibata ameaçava aqueles que choravam por terem sido afastados de seus parentes.

Rugendas — *Negros no Fundo do Porão*. Século XIX

Durante a noite, enquanto os vigias do porão dormiam, Luciano e Fabiana conversavam com alguns escravos, tentando descobrir uma forma de se livrar.

— Precisamos arrumar um modo de escapar — disse Fabiana.

— Mas como faremos isso? — perguntou um dos homens.

— Acredito que se nós tomássemos o navio teríamos alguma chance — respondeu Luciano.

— Mas nós não entendemos nada de navegação, a não ser de canoas — lamentou um dos líderes dos escravos.

— Contaremos com as estrelas, e com muita sorte! — respondeu Fabiana.

— Menina, nunca poderia imaginar que você era tão sábia! — admirou-se outro escravo.

Enquanto arquitetavam o plano, outros escravos já dominavam os vigias, apoderando-se das chaves de alguns grilhões.

Usando trapos rasgados da camisa de Luciano, amordaçaram os feitores.

— Quantos homens foram libertados para participarem do motim? — perguntou Fabiana.

O homem lhe respondeu com um sinal, tocando a falanginha do seu dedo médio com o polegar da mesma mão.

DEDOS E FALANGES

Nossos dedos das mãos são conhecidos por nomes especiais: polegar (o dedão), indicador (o fura-bolo), médio (o pai-de-todos), anelar (o seu vizinho) e o mínimo (o mindinho). Cada dedo é dividido por articulações móveis em três partes denominadas *falanges,* com exceção do polegar, que se divide em duas partes.

Cada uma dessas falanges, partindo da mais próxima da palma da mão para a extremidade do dedo, recebe um nome particular: falange, falanginha e falangeta.

— O que significa isso? — perguntou a menina.

O homem respondeu, sem entender direito qual era a dúvida da menina:

— A quantidade de homens que podem lutar!

A dúvida permaneceu. Afinal, os vigias não estavam com todas as chaves. Luciano teve uma idéia:

— De que forma seria representada a quantidade equivalente a um só elemento?

E o homem representou colocando o mesmo polegar na falangeta do dedo mínimo.

— Entendi! — exclamou o menino, tomando cuidado para não chamar a atenção dos vigilantes do convés.

— Então me explique — pediu a irmã.

O polegar aponta para uma das falanges da mão, sendo que cada uma representa um número natural. O ponto de partida é a falangeta do dedo mínimo.

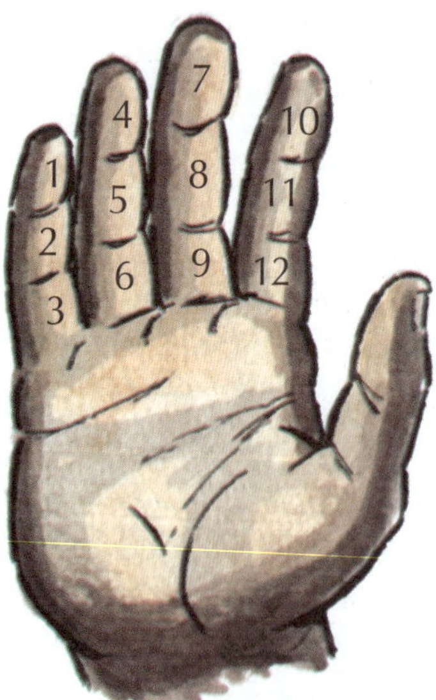

Esquema

Indicação de uma unidade

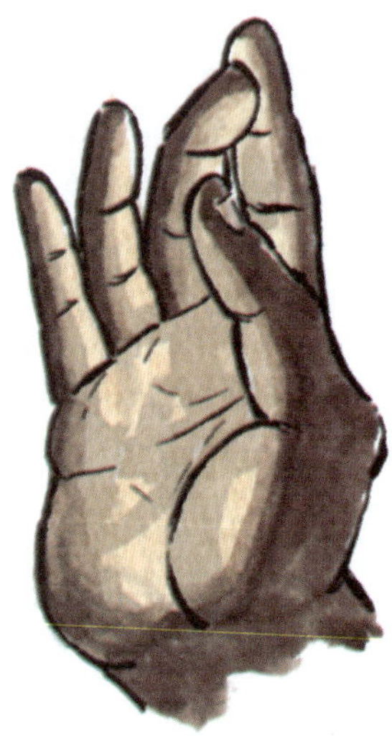
Indicação de oito unidades

— Então, quando ele apontou para a falanginha do dedo médio estava querendo dizer que havia oito homens livres — concluiu Fabiana.

— Exato, eles efetuam a contagem num sistema próprio — explicou o irmão. — Um sistema que provavelmente aprenderam com os sumérios.

— Como eles fazem para representar quantidades maiores que doze unidades? — quis saber a menina.

Luciano chamou um dos escravos que havia passado o dia servindo no convés e perguntou-lhe quantos homens brancos havia no navio. O escravo apresentou a mão esquerda estendida com o dedo mínimo abaixado e a direita com o polegar apontando a falange do dedo anelar.

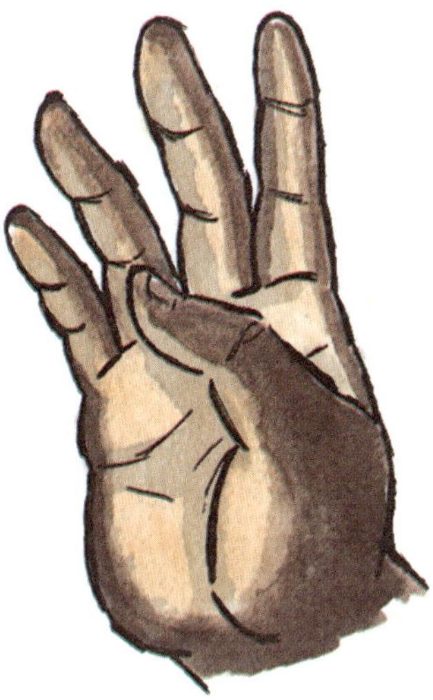

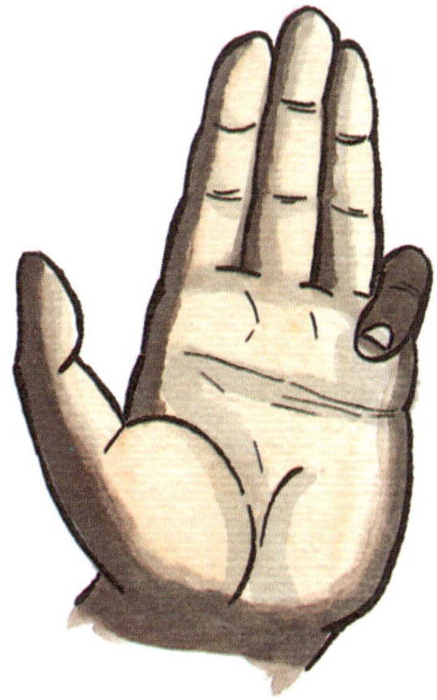

— Ficou fácil deduzir! — concluiu Fabiana. — É um sistema de base 60. O dedo mínimo representa a mão direita cheia, ou seja, 12 unidades. Logo, basta somarmos as 12 unidades da mão esquerda com 6 unidades da mão direita e teremos de vencer 18 homens!

— Como faremos isso? — perguntou um dos escravos. — Não se esqueçam que eles estão armados!

— Este navio também está transportando alguns materiais que serão distribuídos entre os nobres que estão no Brasil. Vi algumas fibras vegetais e tecidos sendo carregados para um dos alojamentos. Se fizermos cordas e redes com esses materiais, poderemos pregar uma peça nesses marinheiros — respondeu a menina, com ar de quem está tendo uma idéia divertida.

Na escuridão da noite, um grupo de escravos acompanhou Luciano e Fabiana em busca das fibras e dos tecidos para confeccionarem as cordas.

O grupo foi rápido. Bastaram quatro saídas para que conseguissem o material suficiente.

— Como faremos essas cordas? — questionou um dos nativos.

Fabiana sorriu e falou:

— Com um toque feminino. Afinal, estamos acostumadas a fazer tranças!

— Então oriente nossas mulheres e ensine nossas crianças! — pediu um dos líderes.

A menina chamou as outras mulheres para pôr em prática seu plano e prontamente iniciou a explicação com as mais novas:

— Pegamos três feixes de fibras e os fixamos em um ponto comum.

E mostrou as fibras amarradas a uma barra da estrutura do navio.

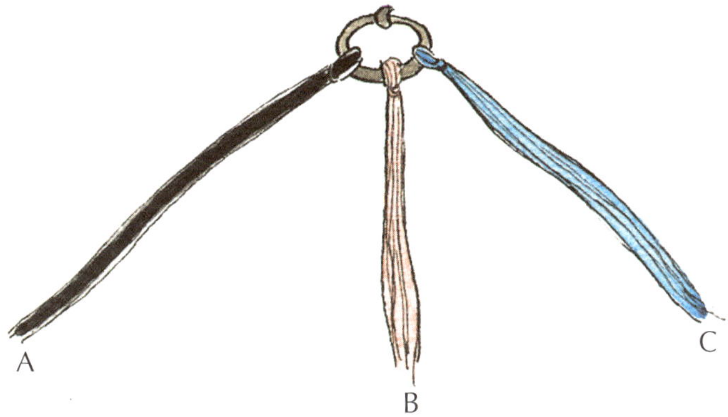

— A partir daí, passamos o feixe A para o meio; B vai para o lado esquerdo e C permanece do lado direito.

As mulheres observavam atentamente.

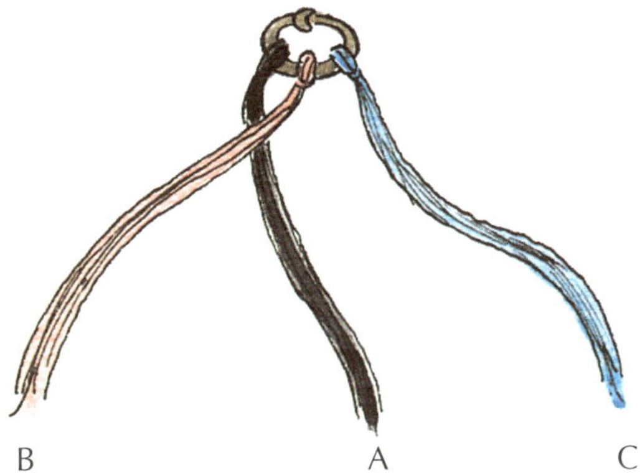

— Agora levamos o feixe C para o centro, deixando-os na ordem B, C, A. Repetimos o processo, transferindo agora o feixe C para a esquerda, trocando-o de lugar com o feixe B e deixando o feixe A no mesmo lugar. Criamos assim uma nova ordem: C, B, A.

Ela demonstrava lentamente, para que todos compreendessem.

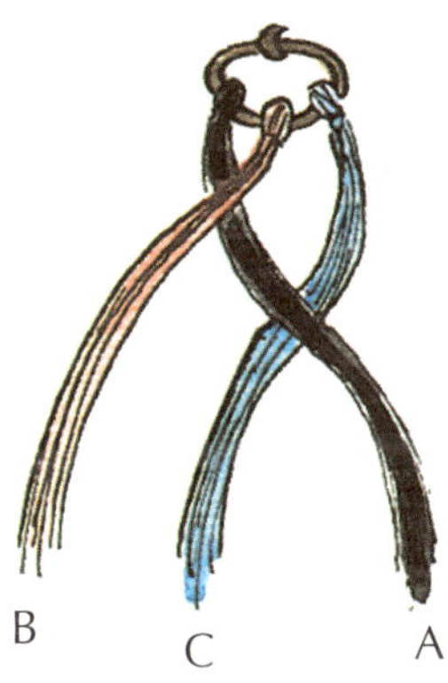

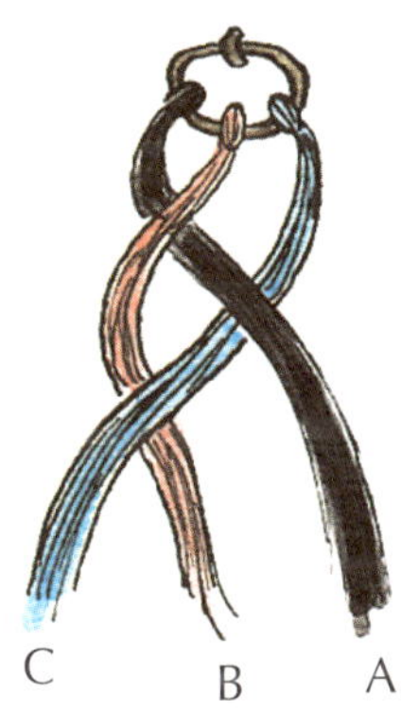

— Mantemos o feixe C à esquerda e trocamos os feixes B e A. Depois, trocamos C e A de lugar e mantemos B à direita.

Todos pareciam entender a explicação, e Fabiana continuou.

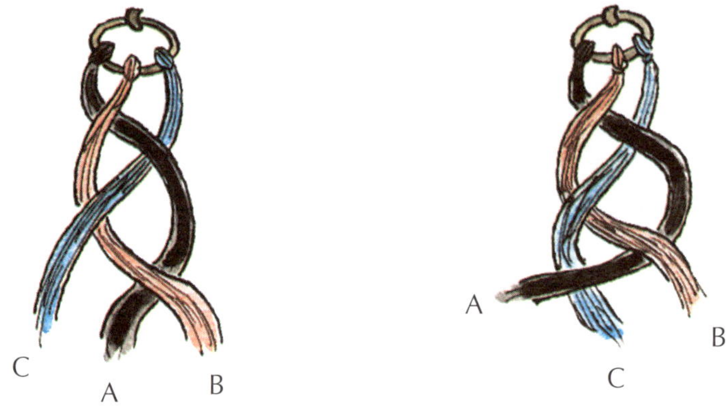

— Finalmente, trocamos C e B de lugar, mantendo A à direita, e teremos como no início a seqüência A, B, C. Agora basta repetir o processo quantas vezes forem necessárias até terminarmos cada corda! — concluiu a menina.

Uma das mulheres indicou a falange de seu dedo anelar e falou:

— Então, usamos este número de etapas?

— Sim — respondeu a menina. — Seis etapas: ABC, BAC, BCA, CBA, CAB e ACB. Depois, iniciamos um novo ciclo com a seqüência ABC.

Seu irmão chamou-a num canto e perguntou:

— Se tivermos de fazer uma corda com quatro feixes de fibras, quantas etapas deveremos executar antes de reiniciar o processo?

— Veja, se tivermos dois feixes, conseguimos apenas duas seqüências: AB e BA. Simbolicamente, o número de seqüências seria representado por $1 \times 2 = 2$. Para três feixes, você já sabe: ABC, ACB, BAC, BCA, CAB e CBA. Logo, $1 \times 2 \times 3 = 6$.

— Você quer dizer que para saber quantas seqüências são possíveis com quatro feixes eu terei de fazer $1 \times 2 \times 3 \times 4 = 24$? — perguntou Luciano.

— Exatamente! — respondeu a menina.

— Puxa, maninha, como você descobriu isso?

— Tive de pesquisar. Afinal, caiu na última prova de Matemática — falou a menina, orgulhosa de seus conhecimentos.

Durante toda a noite, os negros confeccionaram cordas e redes para investirem contra os seus carcereiros. Luciano arquitetou um plano para que um grupo de escravos fosse transportado para a parte superior do navio.

Ao raiar o dia, Luciano gritou para os marujos que estavam no convés:

— Socorro, tem muita gente morrendo de peste, se não jogá-los ao mar ninguém sobreviverá neste navio! Até seus vigias estão delirando de febre.

— Como sabe disso? — perguntou o capitão.

— Eu era escravo de um médico e acompanhei muita gente morrendo de peste! — respondeu o garoto, simulando desespero.

Temeroso, o capitão ordenou que alguns escravos fossem libertados para carregarem os doentes e jogá-los ao mar. Sob a orientação de Luciano, os homens que estavam livres se esconderam e um grupo fingia estar doente.

— Tome a chave, garoto, liberte os mais fortes para carregar os doentes aqui para cima e jogá-los ao mar.

Era o que todos esperavam.

O capitão e seus homens se afastaram com medo da peste e acabaram se distraindo com o transporte dos falsos doentes. Os líderes dos escravos aproveitaram o momento e lançaram a rede sobre os tripulantes, que nem tiveram condições de reagir.

Os homens brancos agora eram prisioneiros. Luciano e Fabiana reuniram os negros para assumirem o comando do navio.

— Para onde iremos? — perguntou o líder africano.

Como estavam mais próximos do Brasil que de qualquer outro lugar, decidiram dirigir-se às terras tupiniquins.

— Como sabe que o Brasil está mais próximo que qualquer outro país? — perguntou Luciano à irmã.

— À noite, quando saímos em busca das fibras, vi o Cruzeiro do Sul no alto do céu e, como você sabe, é a constelação característica do hemisfério Sul — esclareceu a menina, dando uma piscadela.

Com o auxílio da bússola e do astrolábio, os irmãos conseguiam conduzir o navio até o Brasil.

Luke Dood/SPL/Stock Photos

O Cruzeiro do Sul, constelação mais famosa do hemisfério Sul

ABALANDO AS ESTRUTURAS

Por mais de um mês Cronos e os jovens ficaram trancados em uma igreja jesuíta.

— Como será que estão nossos amigos? — perguntou Adriano.

— Se pelo menos soubéssemos para onde foram mandados... — lamentou Cronos.

A conversa foi interrompida por um novo padre jesuíta que havia sido aprisionado e acabava de chegar.

— Quem é você? — perguntou Cronos ao padre.

— Sou o padre Eduardo. Fui detido, a mando do Marquês de Pombal, graças a um colecionador. Ele roubou o crucifixo de ouro que eu acabara de ganhar de um navegante que estava chegando do Brasil, mais especificamente do Rio de Janeiro.

— Como era esse homem? — perguntou Cinthia.

O padre descreveu o nobre colecionador, e, para surpresa geral, era o mesmo homem que os havia colocado naquela situação.

— Como era o crucifixo? — perguntou Cronos.

— Uma relíquia que estava nas mãos dos índios. Eles a obtiveram em troca de um capitão pirata que haviam aprisionado. Atrás dela havia parte das inscrições sobre um tesouro deixado pelo navegador Nicolau Coelho no cabo da Boa Esperança — explicou o padre.

NICOLAU COELHO

Importante navegador português dos séculos XV e XVI. Foi companheiro de Vasco da Gama, comandando a nau Berrio no descobrimento do caminho das Índias. Durante essa expedição, conseguiu reprimir um motim contra o comandante.

Realizou ao todo três viagens às Índias. Durante o regresso de sua terceira e última viagem, quando acompanhava a esquadra de Francisco Albuquerque, uma violenta tempestade atingiu a nau que comandava. Não se teve notícia de nenhum sobrevivente.

Nicolau Coelho participou, com Cabral, da descoberta do Brasil.

— Havia parte de um mapa no crucifixo? — perguntou Adriano.

— Apenas uma parte, a outra está escrita neste papel que eu carrego comigo — explicou o padre, mostrando o mapa. As inscrições eram interrompidas, como se o contorno da cruz tivesse sido recortado.

— Se colocarmos o crucifixo virado para baixo sobre o mapa, teremos as informações necessárias para encontrar o tesouro de Nicolau Coelho — garantiu o jesuíta.

Cronos pediu para verificar o mapa e perguntou ao padre:

— Você sabe quem é esse homem que lhe tomou o crucifixo e onde podemos encontrá-lo?

— Sim, ele é uma espécie de colecionador de relíquias e tem muita influência na Corte portuguesa. Neste momento acredito que ele esteja jantando com o Marquês, pois quando fui detido assisti ao convite.

Cronos se reuniu com a turma e pediu a eles que distraíssem o padre com perguntas religiosas, para que pudesse transportar-se até a Corte e surpreender o colecionador.

— Caro padre, você permite que eu estude este mapa com mais cuidado? — perguntou Cronos.

— Claro, onde você poderia ir com o mapa? Estamos todos presos! — respondeu o jesuíta.

Enquanto os garotos distraíam o sacerdote, Cronos se transportou.

— Meu caro Marquês! — exclamou Cronos, ao entrar no salão de jantar com vestimentas nobres que conseguira em um dos quartos do castelo.

— Quem é você? — bradou o nobre.

— Esqueceu-se? Não acredito! Sou o conde Alexandre de Coimbra e fui nomeado pelo rei de Portugal conselheiro na colônia brasileira — respondeu Cronos.

— Não me lembro! Como poderei saber se está dizendo a verdade?

— Enviei ao padre Eduardo um crucifixo de ouro, mas pelo que soube o jesuíta anda muito rebelde em relação à Coroa — disse o Senhor do Tempo.

— É verdade, soube que ele apoiou movimentos revolucionários em Minas Gerais — completou o colecionador, que não reconheceu Cronos.

— Pena que o crucifixo tenha se perdido. Atrás dele havia inscrições que indicavam um tesouro escondido por Nicolau Coelho antes de sua morte em 1504 — falou o sábio, com aparente desinteresse.

— Tesouro? — perguntou o colecionador.

Cronos pegou o mapa e mostrou-o aos ambiciosos.

— É verdadeiro! — exclamou o colecionador. Tem no verso o brasão de Nicolau Coelho!

— Se colocarmos o crucifixo sobre este mapa, completaremos as informações necessárias para descobrir onde se encontra exatamente o tesouro de Coelho.

Depois de uma troca de olhares com o Marquês, o colecionador pronunciou-se:

— Estou com esse crucifixo. Que tal se negociarmos esse tesouro?

Cronos fingiu espanto e surpresa:

— Graças a Deus, pensei que havia sido roubado!

O colecionador convidou-os para irem até o local onde guardava suas relíquias. Ao chegar lá, Cronos observou os artefatos indígenas que o nobre colecionador havia pendurado em uma parede.

— São artefatos indígenas vindos do Brasil — disse o mercador, notando o interesse de Cronos.

— Posso apreciá-los enquanto você pega o crucifixo? — perguntou o Senhor do Tempo.

O mercador não teve como negar, pois Cronos ainda portava o mapa.

Ao retornar ao salão, Cronos perguntou:

— Onde você conseguiu estas flechas?

— São feitas com penas de jaçanã! Mas são estranhas. A flecha de haste menor tem pontas dos dois lados; a de haste maior também, mas as pontas parecem invertidas. Talvez tenha sido por isso que eu as guardei.

Cronos percebeu o engano:

— Maior e menor? Elas têm o mesmo comprimento. Você está tendo uma ilusão de óptica! Compare:

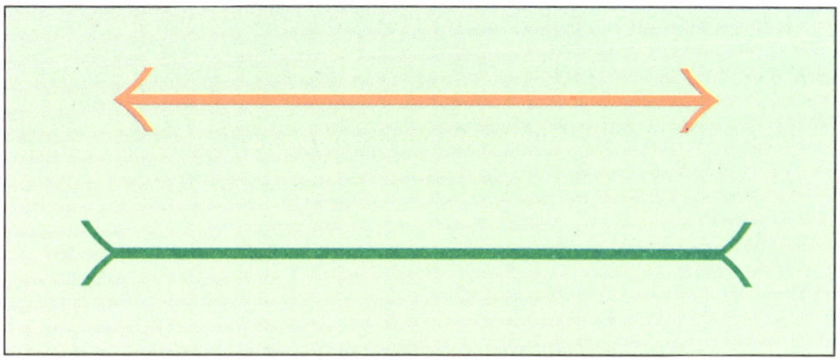

O Marquês, que assistia ao diálogo, sobrepôs as flechas e constatou que Cronos tinha razão.

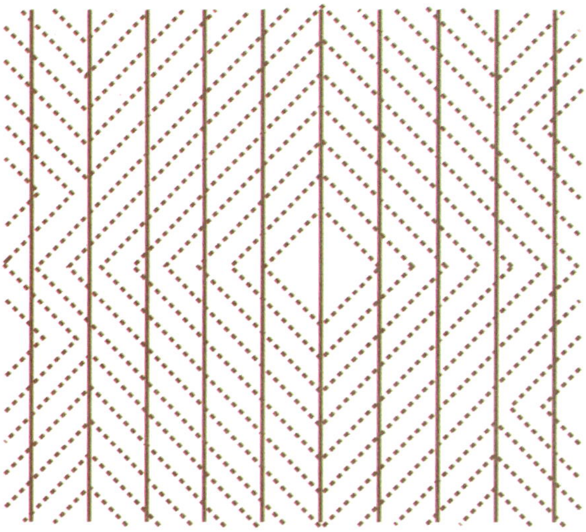

— Então diga-me, conde Alexandre. As linhas marrons deste cesto de vime são paralelas? — perguntou o Marquês, erguendo a peça.

— Naturalmente, estamos diante de mais um caso de ilusão de óptica! — disse o Senhor do Tempo, enquanto mostrava com uma pequena haste que, em qualquer ponto, a distância entre as linhas era a mesma.

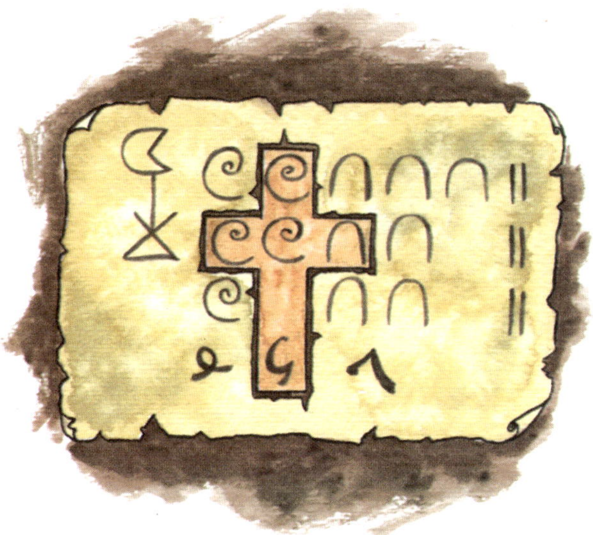

Cronos aproveitou a chance para perguntar:

— Que peças são estas? — indicando duas armações curvas.

— São parte de um ídolo indígena chamado As Asas da Jaçanã. Mas deixemos de conversa fiada e vamos ao que interessa. Onde está o mapa?

— Aqui está! — respondeu o Senhor do Tempo.

O nobre colecionador depositou o crucifixo sobre o mapa e observou os desenhos.

— Que loucura é esta? — perguntou o Marquês, enraivecido. — Tanta coisa para fazer e você me faz perder tempo com desenhos infantis!

No mesmo instante o tremor de terra teve início. Cronos pegou o crucifixo e o mapa para devolvê-los ao jesuíta, além das Asas da Jaçanã, e se transportou de volta até onde seus amigos se encontravam.

— O terremoto começou! — exclamou Antônio.

Como os guardas se assustaram com os abalos e se distraíram, Cronos abriu a porta e chamou seus companheiros para um local seguro.

Quando os instantes iniciais de aflição, pânico e tumulto foram dominados, Cronos chamou o jesuíta e deu-lhe o mapa e o crucifixo.

— Como conseguiu? — perguntou o sacerdote.

— Isso não vem ao caso, procure seu tesouro no cabo da Boa Esperança, no local assinalado com uma cruz datada de 1504 cunhada com o brasão de Nicolau Coelho. Use as riquezas para ajudar os necessitados.

— Que rota devemos seguir? — perguntou o padre.

— O caminho das Índias descoberto por Vasco da Gama. Afinal, Nicolau Coelho foi um dos comandantes da frota de Vasco da Gama.

Quando o padre se afastou, os jovens perguntaram a Cronos:

— Como conseguiu decifrar o mapa? Está tão confuso!

— As inscrições representavam numerais egípcios e indo-arábicos. O melhor é que o mapa também nos serviu de orientação. Acompanhem as inscrições que copiei:

E continuou:

— A flor de lótus, uma planta mística dos egípcios, equivale a mil unidades, já as cordas enroladas correspondem a cem unidades; os arcos, a dez unidades; e os traços verticais, a uma unidade.

Fez a operação em voz alta:

— Assim, o que temos aí é: $(1000 \times 1) + (100 \times 5) + (10 \times 7) + (1 \times 6)$, que é igual a $1000 + 500 + 70 + 6$, ou seja, 1576.

— Mil quinhentas e setenta e seis unidades? — perguntou Antônio.

— Sim, meu caro, é um sistema decimal, assim como o usado por vocês!

— Mas o que significam essas inscrições abaixo? Só dá para reconhecer o número 4 — disse Cinthia.

— Aí é que você se engana. Nessa época os algarismos indo-arábicos eram um pouco diferentes dos que vocês conhecem. O que você pensava ser o número 4 na verdade é o 5 — explicou o Senhor do Tempo, e depois rascunhou num pedaço de papel:

Algarismos atuais:									
1	2	3	4	5	6	7	8	9	0

Algarismos em 1500:

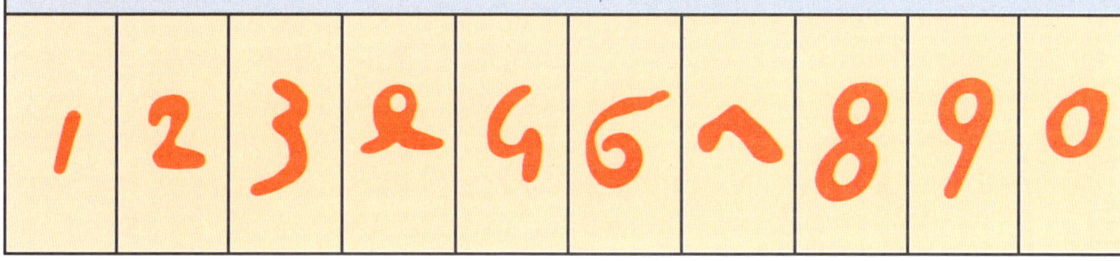

— Então, o que tínhamos no mapa eram os algarismos 4, 5 e 7, que, pelo sistema posicional, formam o número 457 — falou Adriano.

— De fato, mas vocês sabem o que fazer com esses números? — perguntou Cronos.

— A cruz não estaria representando uma adição? — perguntou Antônio.

— Exatamente! — exclamou o Senhor do Tempo. — Temos 1 596 mais 457, o que dá 2 053.

— E o que significa esse número? — perguntou Cinthia.

— O ano para o qual devemos viajar, acredito, embora eu sinta que esteja faltando algo para completar!

— Não podemos viajar sem o Luciano e a Fabiana — lembrou Adriano.

— É óbvio, vamos encontrá-los — respondeu Cronos.

— Onde? — perguntou o menino.

— No Rio de Janeiro.

— Como o senhor sabe? — quis saber Cinthia.

— O mapa serviu-me de referência novamente. O brasão de Nicolau Coelho traz em seu escudo dois escudos menores que representam a bandeira dos navegantes! Observem que ela tem cinco elementos. Por isso é chamada de *bandeira de quina* ou *bandeira quinada*.

— Acertou na quina, senhor Cronos! — brincou Adriano.

— Como poderemos saber, a partir da bandeira, qual é o local? — perguntou Antônio.

— Se Nicolau Coelho foi comandante aliado a Vasco da Gama, ele deve ter deduzido que o local estaria relacionado ao time de futebol carioca — brincou o menino novamente.

— Apesar de ser uma associação interessante, não foi esse o motivo, mas se quiserem posso relacionar todos os fatos que me levaram a essa conclusão. Primeiramente, o colecionador tinha aparatos dos tupinambás, índios naturais da região do Rio de Janeiro. Depois, Nicolau Coelho participou com Cabral do descobrimento do Brasil. Por fim, o crucifixo deixado entre os índios deve ter sido objeto de troca e guerra entre eles, vindo a se transformar em objeto de valor até entre as tribos. Com isso, a peça deve ter chegado ao Rio por intermédio de algum tupinambá, sendo por fim encaminhada para o padre por um colega jesuíta que a obteve como prova de gratidão.

TUPINAMBÁS E TUPINIQUINS

Nomes dados a diversos grupos indígenas que habitavam principalmente a região que ia do Rio de Janeiro à Bahia e que, apesar de pertencerem a grupos diferentes, eram chamados pelos europeus apenas por esses dois nomes.

Os tupinambás estabeleceram relações amistosas com portugueses e franceses, mas com o passar do tempo essa relação se desgastou. Em 1531, os índios tentaram expulsar os invasores de suas terras, mas foram cruelmente sacrificados ou escravizados.

Os tupiniquins pertenciam a uma tribo inimiga dos tupinambás e habitavam a região costeira do Espírito Santo e do Rio de Janeiro. Com o auxílio dos tupiniquins, os portugueses conseguiram combater os tupinambás e expulsar os franceses.

PEDRO ÁLVARES CABRAL

Navegador português e descobridor do Brasil. Não se sabe ao certo o ano de seu nascimento, mas calcula-se que foi em 1467 ou 1468. Morreu em 1520.

Segundo alguns historiadores, foi Vasco da Gama que indicou seu nome para comandar a expedição ao Brasil. Também se acredita que as treze naus que partiram em 8 de março de 1500, comandadas por Cabral, deveriam tomar o caminho das Índias mas se enganaram de rota.

Após a chegada a Cabo Verde, as treze naus seguiram viagem rumo ao Ocidente, mas tudo leva a crer que o erro tenha sido proposital, pois Cabral levava consigo navegadores experientes como Nicolau Coelho e Bartolomeu Dias.

No dia 22 de abril de 1500 o Brasil foi descoberto.

No dia seguinte, os navegadores portugueses desembarcaram em terras brasileiras.

Em 2 de maio partiram rumo às Índias, passaram pelo cabo da Boa Esperança e aportaram em Calicute no dia 15 de setembro, onde houve inúmeros conflitos com muçulmanos. Cabral foi implacável, promovendo um massacre na região.

Em 24 de setembro aportaram nas Índias e abasteceram suas naus. A frota só chegou a Portugal em 21 de julho de 1501, mais de um ano após sua partida.

— Então tudo se encaixa! — exclamou Antônio. — Devemos procurar um navio que tenha duas bandeiras quinadas que estejam aportando com escravos no Rio de Janeiro!

— Sim, mas o mais importante é que consegui outra parte da jaçanã. Eis aqui as asas de bronze da ave — disse o Senhor do Tempo, mostrando os objetos que trouxera e dispondo-os sobre uma pedra.

— Mas elas são diferentes — disse Cinthia.

— Não, minha cara, são iguais — falou o sábio. — É mais um caso de ilusão de óptica. Para comprovar, coloque uma sobre a outra.

— Que fantástico! — exclamou a menina.

— O mais intrigante vem agora. Vire as asas da jaçanã do lado contrário — sugeriu o Senhor do Tempo.

— Espirais, vejo espirais! — exclamou Adriano.

— Você está enganado. Colocando esta moeda sobre a figura, você perceberá que são circunferências habilmente construídas.

— Então, as asas estão revelando um ciclo que parece ter fim mas se repete incessantemente? — perguntou Antônio.

— Perfeitamente. Agora deveremos viajar ao encontro dos nossos amigos — falou Cronos.

— Certo, mas antes diga-nos o que aconteceu com o colecionador e o Marquês — perguntou Adriano.

— O terremoto acabou com as maldades do colecionador, deixando-o inválido. Já o Marquês teve um importante papel na reconstrução de Lisboa, que foi destruída pelo maior terremoto de que se tem notícia em sua história.

— É hora de partir — disse Antônio.

— Vamos lá, pelos meus cálculos nossos amigos devem estar chegando agora à baía de Guanabara! — arriscou o Senhor do Tempo.

Cronos reuniu a turma e transportou todos para o porto do Rio de Janeiro.

COELHOS E CABRAS NA BAÍA DE GUANABARA

— Vejam! O navio com as duas bandeiras quinadas! — gritou Adriano, ao ver o barco surgindo na baía de Guanabara.

— Mas ele não está vindo em nossa direção! — disse Cinthia com surpresa.

— É mesmo! O que está acontecendo? Por que será que estão contornando a baía? — perguntou Antônio.

— Há algo errado — falou o Senhor do Tempo.

O grupo não desconfiava que os negros haviam dominado o navio. Decidiram acompanhar a embarcação pelo litoral, até que ela atracou. Então, os navegantes desceram antes de Cronos e seus companheiros chegarem. Quando se aproximaram, alguns negros aprisionaram o grupo.

— O que está acontecendo? — perguntou o Senhor do Tempo.

Um dos homens respondeu:

— Homem branco e crianças são nossos prisioneiros, vamos levá-los ao encontro de nossos líderes!

— Por quê? — perguntou Adriano.

— Vocês são mercadores de escravos e vieram até aqui para nos levar — respondeu o homem.

— Não, de modo algum, estávamos à procura de duas crianças que são nossas amigas — explicou Antônio com seu sotaque lusitano.

— Mentira! — replicou o líder. — Você é português, filho de algum senhor de escravos!

Cronos aconselhou todos a se manterem calados, até que chegaram ao acampamento dos fugitivos. Ali, foram recebidos por Luciano e Fabiana.

— Podem soltá-los, são amigos — disse Fabiana.

A felicidade tomou conta de todos. O grupo estava novamente reunido. Depois de horas de conversas sobre aventuras em volta de uma fogueira, saboreando frutas tropicais, Cronos lembrou que deveriam partir para mais uma viagem.

— Um momento, senhor! — disse Luciano. — Esses mercadores de escravos eram ladrões de relíquias. Encontrei alguns objetos de arte na sala do capitão.

— É, eles trabalham para o colecionador amigo do Marquês sobre o qual lhes contamos — respondeu o Senhor do Tempo.

— O que há nessa sala? — perguntou Antônio.

— Alguns brasões, escudos, espadas, mapas e até quadros — disse Fabiana.

— Leve-nos até lá — pediu Cronos.

Os viajantes do tempo tomaram um bote até o navio e ali se surpreenderam com o que viram.

Adriano abriu um baú e tirou de dentro uma peça metálica partida.

— O que é isto? — perguntou Cinthia.

— O corpo da jaçanã! — exclamou Cronos com entusiasmo.

— Mas o que são esses sulcos no peito da ave? — quis saber Luciano.

— Esses sinais me parecem familiares, mas não consigo lembrar o significado — disse o velho, pensativo.

— Olhem, estes papéis que embrulham estas moedas de ouro trazem dois brasões — observou Cinthia.

Cronos percebeu que havia mais um mistério pela frente, guardou as moedas em seu bolso e começou a analisar os papéis que as envolviam, pois sabia que ali encontraria algo que completaria as informações que obtivera com o mapa e o crucifixo.

— Um deles é o brasão de Nicolau Coelho e o outro, de Pedro Álvares Cabral — explicou.

Arquivo Nacional da Torre do Tombo, Lisboa

Museu Histórico Nacional, RJ

Brasão das armas de Nicolau Coelho e Brasão das armas de Pedro Álvares Cabral.

— Que lindos! — exclamou Cinthia. — Mas e estas cabras? Têm alguma relação com o sobrenome de Cabral?

— Com certeza! — falou Adriano entre risadas.

— Pena que falta o brasão do terceiro grande navegador que auxiliou na descoberta do Brasil. — lamentou Antônio.

— Quem? — quis saber Adriano.

— Bartolomeu Dias — respondeu o jovem português.

Cronos estremeceu ao ouvir a resposta do menino.

— O que houve, senhor? — perguntou o garoto, ao vê-lo empalidecer.

— Tenho até medo de dizer — falou o velho. — Suspeito que parte de nossas pistas esteja perdida em um local macabro.

Luciano apresentou um manuscrito que os mercadores haviam guardado entre as relíquias.

— O que é isto? — perguntou Fabiana.

Cronos abriu e leu em silêncio. Em seguida respondeu:

— É uma carta que narra um episódio em que índios brasileiros foram conduzidos à França para serem apresentados à rainha Catarina de Médici.

— Ah, estou lembrada da invasão francesa! — respondeu Cinthia.

— É verdade! — exclamou Antônio. — E acho que foi exatamente na baía de Guanabara que aconteceu uma das invasões.

— Sim, foi exatamente nesse ponto. Aquela é a ilha de Villegaignon — apontou Cronos. — Ela recebeu o nome do invasor que aqui fundou a França Antártica, para onde pretendiam mandar os protestantes que povoavam a França católica. Mais tarde, com a retomada da ilha pelos portugueses, os franceses foram expulsos em definitivo do território brasileiro. Para proteger a região, ali foi fundada por Estácio de Sá a cidade do Rio de Janeiro.

— Quem expulsou os franceses? — perguntou Luciano.

— Mem de Sá, o tio de Estácio de Sá, em 1567 — respondeu o Senhor do Tempo.

A ERA SÁ

Durante aproximadamente quinze anos, Mem de Sá e Estácio de Sá, tio e sobrinho respectivamente, participaram vivamente da história do Brasil.

Em 1558, Mem de Sá foi nomeado terceiro governador-geral do Brasil. Com o auxílio de José de Anchieta, conseguiu apaziguar os índios que se rebelaram em vários pontos da colônia.

O grande feito de Mem de Sá foi a expulsão dos franceses do Brasil. Em 1560, quando investiu pela primeira vez contra os invasores, enfrentou dificuldades. Assim que deixou o local da batalha os inimigos retornaram. Ciente da situação, Portugal enviou em 1564 o sobrinho de Mem de Sá, Estácio de Sá, acompanhado de uma pequena armada.

Estácio de Sá chegou ao Rio de Janeiro em 1º de março de 1565, onde ordenou a formação de trincheiras e a construção de algumas casas junto ao Pão de Açúcar. Nascia assim a cidade de São Sebastião, atual cidade do Rio de Janeiro.

Durante alguns anos, Estácio conseguiu enfrentar os ataques dos inimigos, o que o encorajou a investir de vez contra os franceses. Quando as dificuldades começaram a surgir, Anchieta comunicou Mem de Sá sobre os problemas locais. Mem de Sá seguiu ao encontro do sobrinho e, em 1567, ambos atacaram o invasor que estava estabelecido na atual praia do Flamengo. Venceram, mas Estácio foi ferido no rosto por uma flecha, vindo a falecer semanas depois.

Mem de Sá retornou à Bahia e governou até 1572.

A turma recapitulou a história do Brasil, mas Antônio desconhecia uma informação.

— Quando morreu Mem de Sá?

Cronos estremeceu novamente ao lembrar a data.

— Sua pergunta reforçou meus temores. Mem de Sá morreu na Bahia, em 1572, uma data terrível para os franceses.

Apesar de insistirem em saber de que se tratava, Cronos negou-lhes a informação.

— Espere um pouco... Cabral chegou ao Brasil pela Bahia e Mem de Sá morreu na Bahia! — percebeu Cinthia.

— É o ciclo de que havíamos falado — confirmou Cronos.

Fabiana puxou entre as relíquias um quadro de François Dubois e disse:

— Este quadro estaria relacionado ao que o senhor tanto teme?

François Dubois — *A Noite de São Bartolomeu*/Sipa/Keystone

Cronos sentou-se, cruzou os braços e fez um gesto afirmativo com a cabeça.

— Mas de que se trata, afinal? — perguntaram todos, com aflição.

Cronos concordou em explicar. Era inevitável.

— Vocês estão lembrados do navegante cujo escudo estava faltando?

— Bartolomeu Dias? — perguntou Antônio.

— Sim, num ciclo o nome não tem ordem, portanto pode ser dito de outra forma.

— Dias Bartolomeu? — sugeriu o menino.

— Certo, mas em vez de considerar o nome Dias Bartolomeu, separe o "s" do sobrenome e aí teremos Dia S. Bartolomeu — explicou o velho.

— Dia de São Bartolomeu? — perguntou o menino.

— Exatamente, um dia trágico no passado! — exclamou Cronos.

— O que houve de terrível nesse dia? — perguntou Cinthia.

— Foi nessa data que Gaspard de Coligny, o homem que deu a ordem para os franceses invadirem o Brasil, foi assassinado — respondeu o mestre.

— Quem mandou matá-lo? — quis saber Fabiana.

— Catarina de Médici, que quando subiu ao trono francês promoveu uma chacina sem precedentes. Mandou matar todos os protestantes que havia em Paris. Cerca de trinta mil pessoas foram sacrificadas — contou o Senhor do Tempo. — O quadro que você me mostrou relata esse fato. Veja que no rodapé do quadro o autor escreveu com a cor do sangue: *L'an 1572*, o ano do massacre.

François Dubois – *A Noite de São Bartolomeu*/Sipa/Keystone

Detalhe do quadro de F. Dubois

— Teremos mesmo de ir lá? — perguntou Antônio.

— Certamente, agora tudo se explica. O ano de 2053, a data que obtivemos em Lisboa, representa a repetição do ciclo, ou seja, nessa data acontecerá outra tragédia do mesmo porte do massacre de São Bartolomeu — previu Cronos. — A menos que consigamos impedir, o ciclo se repetirá.

— E o que iremos buscar em Paris? — perguntou Luciano.

— Provavelmente a última parte da jaçanã: a cabeça — disse o Senhor do Tempo.

— E então? Vamos partir ou não? — falou Cinthia, demonstrando impaciência.

— Ainda não, não sei ao certo em que data devemos procurar a pista — respondeu o velho.

— Será que as inscrições contidas no peito da jaçanã de bronze não são as informações necessárias? — arriscou Fabiana.

— Brilhante! Pena que não me lembro o que significam.

Antônio ficou olhando para o peito da ave e disse:

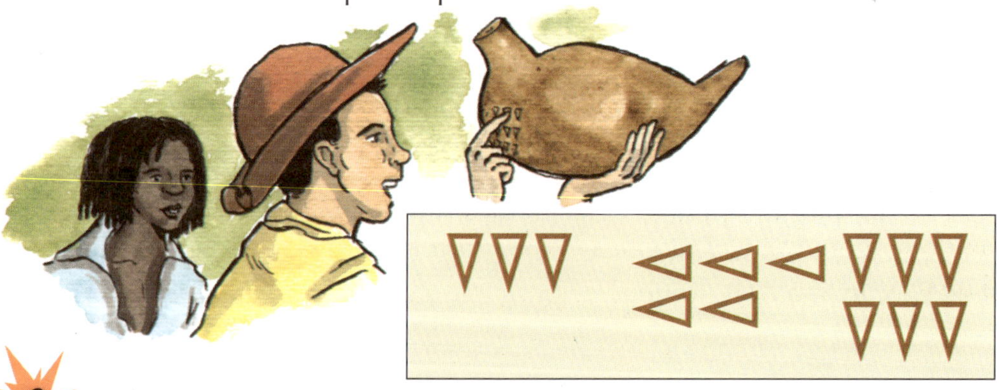

— Se só nos resta saber a data, então estas cunhas representam números!

— É mesmo! — exclamou Adriano. — São numerais da Mesopotâmia!

— Bem lembrado, garoto! — parabenizou o Senhor do Tempo.

— Então explique-nos! — pediu a irmã.

— O sistema numérico mesopotâmico é de base sessenta — explicou o garoto.

— Como assim? — perguntou Fabiana.

— Em primeiro lugar, observe o conjunto de seis cunhas à direita. Elas representam seis unidades. Portanto, cada unidade é representada por uma dessas cunhas verticais.

— E as cunhas na horizontal?

— Cada cunha horizontal representa uma dezena. Logo, temos aí cinco dezenas.

— Então esses blocos à direita representam o número cinqüenta e seis? — perguntou Antônio.

— Perfeitamente. Porém, o mais interessante são essas cunhas à esquerda. Elas representam sessenta unidades cada uma — explicou o garoto.

— Quer dizer que os mesopotâmicos usavam os mesmos símbolos para uma unidade e para sessenta unidades? — perguntou Fabiana, um pouco confusa.

— Sim, mas com uma diferença: o espaço que separa os blocos da direita e da esquerda. Foi essa a forma encontrada pelos escribas para diferenciá-los quando se repetem. Mas não sabemos ao certo se existia alguma forma de diferenciá-los quando apareciam sozinhos — falou o menino.

Cronos interveio na explicação:

— O barco será invadido pelos colonizadores portugueses em questão de minutos. Vamos nos apressar!

— Precisamos identificar a numeração com urgência! — completou Cinthia.

Adriano tratou de interpretá-la rapidamente, riscando o chão de terra com uma pedra:

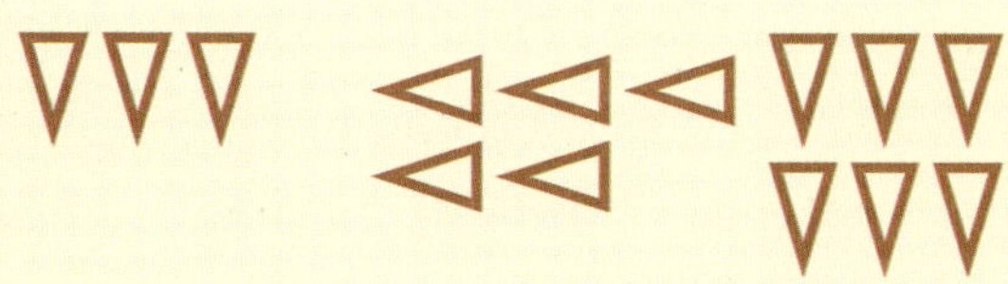

$$\underbrace{\underbrace{3 \times 60}_{180} + \underbrace{5 \times 10}_{50} + \underbrace{6 \times 1}_{6}}_{236}$$

— Duzentos e trinta e seis? — exclamou Cinthia, sem entender. — Isso não é uma data!

— Pelo contrário — falou o Senhor do Tempo. — Se vocês considerarem o número de dias do ano, poderão verificar que esse é um número menor que 365. Logo, deve ser o duocentécimo trigésimo sexto dia daquele ano.

— Se eu entendi, devemos contar os meses até chegarmos a essa data — raciocinou Fabiana.

— Perfeitamente! — aprovou Cronos.

— Tudo bem, mas e se o ano for bissexto? Como poderemos saber? — lembrou Cinthia.

— Bem pensado, mas é fácil saber. Se dividirmos o ano correspondente por quatro e não obtivermos resto, o ano será bissexto — orientou o Senhor do Tempo. E riscou o chão:

$$\begin{array}{r|l} 1572 & 4 \\ \hline 37 & 393 \\ 12 & \\ 0 & \end{array}$$

— Então foi um ano bissexto, e fevereiro teve vinte e nove dias — disse Cinthia.

Cronos comandou os cálculos:

— Em primeiro lugar, devemos ter uma estimativa de quantos meses se passaram até chegarmos a esse dia. Portanto, devemos dividir 236 por 30, uma quantidade aproximada de dias por mês. E calculou:

$$\begin{array}{r|l} 236 & 30 \\ \hline 26 & 7 \end{array}$$

— Sete meses e vinte e seis dias — disse Fabiana.

— Não, sete meses e *alguns* dias de agosto. Não esqueça que consideramos que todos os meses tinham trinta dias. Portanto, tivemos um cálculo aproximado — esclareceu Cronos. E foi escrevendo:

Jan. → 31 dias Fev. → 29 dias Mar. → 31 dias Abr. → 30 dias
Maio → 31 dias Jun. → 30 dias Jul. → 31 dias

— Podemos então calcular assim: $(31 \times 4) + (30 \times 2) + (29 \times 1)$ é igual a $124 + 60 + 29$, o que dá 213 dias.

— Se subtrairmos 213 de 236, teremos a data — observou Adriano com satisfação, e calculou: — $236 - 213$ dá 23 dias.

— Exato! — elogiou o Senhor do Tempo. — Meus amigos, vamos para Paris, em 23 de agosto de 1572!

A FORÇA DO DEUS TUPÃ

Quando chegaram, já perceberam que o local tinha um ar tenebroso. Dava aflição caminhar nas proximidades do castelo do Louvre. Havia no ar uma insatisfação e um clima de guerra, por causa do casamento da filha de Catarina de Médici.

Livro de Horas. Século XV. Musée Condé, Chantilly

Castelo do Louvre, atual Museu do Louvre

Margot Valois, católica, casou-se com Henrique Bourbon, que era protestante, e o casamento foi condenado pela população. A rainha-mãe fez o arranjo do casamento para que, através dos herdeiros, sua família permanecesse no trono.

FAMÍLIA NÃO MUITO REAL

As guerras entre católicos e protestantes eram cada vez mais freqüentes na França do século XVI. Os protestantes iniciaram os conflitos em 1562, quando algumas tropas, sob o comando do barão de Adrets, cometeram atos extremamente cruéis contra os camponeses de Lyon. A segunda guerra motivada por questões religiosas foi o cerco de Chartres, em 1568, e o massacre de São Bartolomeu foi o ápice dos conflitos.

Durante o tenso período, Catarina de Médici reinava ao lado de seu filho, o rei Carlos IX, que era muito frágil. A astúcia da rainha foi tamanha que, para evitar que o trono da França fosse tomado das mãos de sua família por parentes mais próximos, articulou um casamento entre sua filha, que era católica, com um primo de outro ramo da famíla, que era protestante. Porém, para não permitir que os protestantes dominassem, ordenou a execução de um de seus líderes na corte, o almirante Coligny.

O almirante Coligny era um dos homens de confiança do rei mas mesmo assim a ordem da rainha foi obedecida. A morte de Coligny desencadeou o massacre que durou mais de quinze dias.

O INVASOR FRANCÊS

O almirante Gaspard de Coligny era um homem influente. Conseguia manipular as ações do rei Carlos IX desde que ele assumira o trono aos dez anos de idade, após a morte de seu pai, Henrique II.

Consta que Coligny conseguia prever as instabilidades políticas. Assim, ordenou que Nicolas Durand de Villegaignon comandasse alguns homens e invadisse o Brasil. Seu objetivo era a criação da França Antártica, local para onde pretendia enviar grupos de protestantes perseguidos.

Com a expulsão dos franceses da costa brasileira, seu sonho não se concretizou.

Cronos e seus companheiros procuraram não chamar a atenção de ninguém. A conselho do Senhor do Tempo, a turma ficava escondida em locais ermos e escuros.

— Consegui trocar as moedas que estavam no navio por algumas roupas próprias para esta época. Vistam-se e tomem um gole do elixir da fala para iniciarmos nossas buscas — orientou o Senhor do Tempo.

— Onde será que está a cabeça da jaçanã? — perguntou Luciano.

— Ainda não sei — respondeu o velho. — Acredito que a rainha e o almirante sejam as pessoas mais indicadas para nos fornecer alguma pista.

— Senhor, lembra-se do que nos contou a respeito dos índios que visitaram a rainha? — disse Antônio.

— Tem razão, os índios tiveram contato com a rainha! — exclamou Cronos. — Provavelmente a cabeça da jaçanã está em poder da megera!

— Mas onde? — perguntou Cinthia.

— Não sei, mas você e Adriano entrarão no castelo para descobrir.

— Nós? Por quê? Como? — quiseram saber os dois.

— Só consegui roupas de nobres para vocês dois. Eu e os demais permaneceremos aqui à espera de vocês. Vamos combinar tudo, não há o que temer.

Cinthia e Adriano conseguiram entrar no castelo com facilidade, pois se apresentaram aos guardas como sobrinhos da rainha-mãe. Procuraram por toda parte, mas a peça não parecia estar em nenhum lugar.

— Continue procurando! — exclamou Cinthia. — Não podemos desapontar o Senhor do Tempo!

— Uma hora encontraremos a cabeça da jaçanã! — disse o irmão.

De repente, uma voz enérgica bradou:

— O que fazem aqui?

Era a rainha em pessoa, toda vestida de preto, com um olhar perverso. Na mão direita empunhava um cetro que apontava para os dois enquanto ralhava com eles.

— Odeio crianças teimosas! Saiam antes que eu quebre meu cetro em suas cabeças.

— Desculpe-nos, minha rainha, mas queríamos conhecê-la... — tentou explicar a menina.

— Queriam me conhecer para quê? — resmungou a nobre.

— Eu admiro sua forma de governar! — disse Cinthia.

— E quem são vocês? — esbravejou a velha.

— Somos... os filhos do conde Jacques Villeneuve! — falou a menina.

— Não me lembro desse conde! — disse a velha, com um ar compenetrado, buscando o nome em sua memória.

Adriano sussurrou no ouvido da irmã:

— Você tinha de falar o nome de um piloto de Fórmula-1!

— Não me lembrei de outro nome na hora!

— Além do mais, ele nem é francês, é canadense! — completou o irmão, ainda cochichando.

A rainha os encarou e disse:

— Quem cochicha o rabo espicha!

— Quem reclama o rabo inflama! — respondeu o menino.

A rainha manteve silêncio por alguns segundos e caiu na gargalhada. De repente parou e ficou séria.

— Vocês são católicos ou protestantes? — perguntou, segurando-os energicamente pelo braço depois de atirar o cetro no chão.

Nesse instante, o rei Carlos entrou no salão e disse à sua mãe:

— Coligny nos espera no outro saguão, diz que tem planos para que eu ordene a invasão de Flandres.

Pieter Brueghel "O Jovem" – Summer: Harvesters Working and Eating in a Corn Field. Coleção Particular, Londres

Flandres

FLANDRES

Flandres é uma planície situada parte na França e parte na Bélgica, na região noroeste da Europa, e banhada pelo mar do Norte.

Sua atividade econômica, desde a Idade Média, é a indústria têxtil.

Entre as inúmeras invasões que Flandres sofreu, destacam-se as dos povos da França, Borgonha, Áustria, Espanha e Países Baixos.

— Quem ele pensa que é, um rei? — gritou a rainha, e saiu resmungando.

Os irmãos trocaram olhares de alívio.

— Que bruxa! — murmurou Adriano. — Aposto que o cetro dela é o cabo de uma vassoura!

Cinthia sorriu enquanto abaixava para pegar o cetro.

— Adriano, olhe, a ponta do cetro é a cabeça da jaçanã de bronze! — exclamou a menina, surpresa.

— Nunca foi tão fácil! — admirou-se o garoto. — Só precisamos dar um jeito de sair daqui com este cetro.

Chegar até o portão de saída foi fácil, mas passar pelos dois guardas seria uma aventura arriscada.

— Os guardas não nos deixarão passar, principalmente com o cetro — ponderou Adriano.

— O que faremos?

— Espere. A cabeça da jaçanã não pertencia ao cetro, não é mesmo?

— É, mas e daí?

— Então esconda-se aqui e veja o que vou fazer.

Adriano e Cinthia se esconderam atrás de uma árvore. Ele constatou que a cabeça estava apenas rosqueada e soltou-a da haste.

— O que você vai fazer com a haste? Golpear os guardas?

— Nada disso, querida — afirmou Adriano com ar de superioridade enquanto atirava a haste ruidosamente para o lado oposto de onde se encontravam.

O barulho chamou a atenção dos guardas. Enquanto um foi ao local onde a haste caíra, o outro ficou de prontidão para defendê-lo. Adriano e Cinthia aproveitaram a distração e fugiram com a cabeça da ave.

Ao encontrar os companheiros, Cronos sorriu e tratou de levá-los rapidamente para o século XXI.

Chegando ao bairro do Jaçanã no ano de 2053, Cronos e seus companheiros iniciaram a montagem da jaçanã de bronze.

— Estamos novamente na praça. Como ela está linda! — exclamou Fabiana.

— O bairro está irreconhecível! Olhem aquele luminoso anunciando a final do campeonato brasileiro de futebol: Guapira contra Atlético Mineiro!

Distintivo do C.C.A.A. Guapira.

Enquanto admiravam as novidades, Cronos olhou para o chão da praça e exclamou:

— As raízes desta seringueira se entrelaçam e saem do solo formando inscrições em grego!

— O quê? — perguntaram os jovens.

— Eu explico: é o número 1296!

— Mas estes símbolos não são letras gregas, senhor Cronos? — perguntou Antônio.

— Também, mas os antigos gregos usavam todas as letras de seu alfabeto, e mais três símbolos especiais, para representar números.

Cronos providenciou papel e caneta para montar uma tabela.

— Acompanhem:

Letra grega	Nome da letra	Número que representava
α	alfa	1
β	beta	2
γ	gama	3
δ	delta	4
ε	épsilon	5
ς	digama	6
ζ	dzeta	7
η	eta	8
θ	theta	9
ι	iota	10
κ	kapa	20
λ	lambda	30
μ	mi	40

ν	ni	50
ξ	csi	60
ο	ômicron	70
π	pi	80
ϙ	copa	90
ρ	rô	100
σ	sigma	200
τ	tau	300
υ	upsilon	400
φ	fi	500
χ	qui	600
ψ	psi	700
ω	ômega	800
ϡ	sã	900

— Nossa, devia ser difícil memorizar todos estes números! — disse Adriano.

— Realmente era complicado. Tanto que a representação não parava por aí. Para representar números da ordem dos milhares, usava-se um símbolo parecido com uma vírgula no canto inferior esquerdo das nove primeiras letras.

,α	,β	,γ	,δ	,ε	,ϛ	,ζ	,η	,θ
1 000	2 000	3 000	4 000	5 000	6 000	7 000	8 000	9 000

— E acima desses valores? — quis saber Cinthia.

— Embora fossem criativos, era complicado representar números iguais ou superiores a dez mil — esclareceu o velho.

— Espere um pouco... Aqui deste outro lado da árvore as raízes repetem o 1296 em grego! — exclamou Adriano.

Luciano teve a mesma idéia do amigo e dirigiu-se para um outro lado da árvore.

— Aqui as raízes também formam um número, φοϛ, que, segundo a tabela do senhor Cronos, quer dizer 576!

— Muito bem, mas o que significam os números 1296, 1296 e 576, que encontramos? — questionou Fabiana.

— Não sei ao certo, mas acredito que a pista esteja na jaçanã de bronze que estamos montando.

Cinthia, que acabava de montá-la, entregou o ídolo ao Senhor do Tempo.

Ao dirigi-lo para o velho, Cinthia viu que os olhos da ave começaram a emitir um feixe de luz. Todos perceberam e ficaram paralisados de surpresa e medo.

Cronos tomou-o nas mãos, mas os olhos do ídolo apagaram-se.

— Estranho! — disse Cronos.

Antônio sugeriu a Cronos que experimentasse virar o ídolo em outras direções, e para espanto geral os olhos acendiam quando apontados para três pontos específicos.

— O que será que há nesses pontos? — perguntou Fabiana.

— Vamos caminhar na direção em que o ídolo aponta e veremos de que se trata — disse o Senhor do Tempo.

Durante alguns minutos os viajantes caminharam até cada um dos três pontos.

— São três igrejas — observou Cinthia.

— Caminhamos em linha reta e chegamos a três pontos formando o contorno de um polígono — disse Cronos.

— Um triângulo, não é, senhor Cronos? — perguntou Fabiana.

— Sim, notem que as igrejas encontradas correspondem aos vértices de um triângulo.

— Que igrejas são essas? Afinal, vocês esquecem que não sou daqui! — reclamou Antônio.

Luciano se encarregou de explicar:

— Santa Terezinha do Menino Jesus, São Luís Gonzaga e São Benedito!

Fotos: Nelson Toledo

Igreja de Santa Terezinha do Menino Jesus

Igreja de São Benedito

Igreja de São Luís Gonzaga

Antônio ficou pensativo e sugeriu:

— Será que os valores que encontramos nas raízes não seriam as distâncias entre as igrejas?

— Acho que você acertou de novo — elogiou o Senhor do Tempo. — Aguardem um segundo que já volto!

Num piscar de olhos, Cronos foi a um local desconhecido dos demais e trouxe consigo uma pequena máquina e um livreto.

— O que houve? O que são essas coisas? — perguntaram os jovens, curiosos.

— Fui até uma casa de comércio próxima e comprei este guia e um microcomputador de avaliação métrica.

— O quê? — perguntou Cinthia.

Cronos sorriu e explicou que, por ter poderes, conseguiu ir à loja e voltar em segundos e que aquele equipamento era comum no século XXI. Permitia determinar distâncias entre dois pontos pela emissão de ondas eletromagnéticas.

O velho transportou o grupo para cada igreja e apontou o aparelho para as outras igrejas. Assim, achou as medidas previstas.

— Acompanhem o esquema — disse, e rabiscou.

Fotos: Nelson Toledo

Todos estavam curiosos.

— Se os lados $\overline{AB}$ e $\overline{AC}$ têm a mesma medida, escrevemos isto:

$$\text{med } \overline{AB} = \text{med } \overline{AC}$$

— Ah, então os dois "risquinhos" que aparecem nos lados $\overline{AB}$ e $\overline{AC}$ da figura representam que as medidas são iguais — concluiu Luciano.

Cronos chamou a atenção dos jovens sobre o que deveriam procurar para concluir o mistério:

— Acho que devemos encontrar o ponto central desse triângulo para ver o que acontece com a jaçanã de bronze.

— Como faremos isso? — perguntou Antônio.

— Primeiro, devemos encontrar o ponto médio de cada lado do triângulo.

Fabiana então calculou:

1296	2		576	2
09	648		17	288
16			16	
0			0	

— Encontrei os pontos médios. Nos lados $\overline{AB}$ e $\overline{AC}$, eles distam 648 metros de cada extremidade, e no lado $\overline{BC}$, 288 metros.

— Ótimo, agora basta ligarmos o ponto médio de cada lado com o respectivo vértice oposto, usando uma régua.

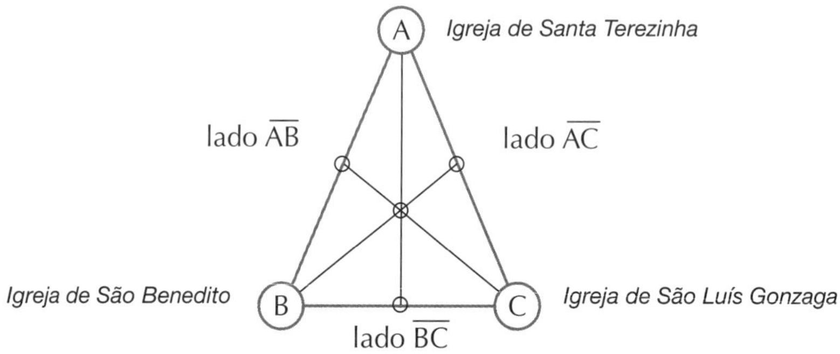

— Que tal se fizéssemos no mapa local? — sugeriu Cinthia.

— Ótima idéia! — aprovou o irmão.

Ao traçarem sobre o mapa do guia que Cronos trouxera, encontraram como ponto central uma pequena praça triangular: a praça Wagner Maceira.

— Essa praça fica atrás daquela escola! — apontou Fabiana.

O grupo correu até lá e no exato ponto, no vértice assinalado no mapa, Cronos colocou a jaçanã de bronze.

— Está se mexendo! — exclamou Cinthia.

O ídolo começou a criar vida, até que levantou vôo. A ave sobrevoava a região como se estivesse formando um círculo.

— O que será que está acontecendo? — perguntou Luciano.

— Vamos aguardar! — propôs o Senhor do Tempo.

Uma música começou a se espalhar pelo ar, mas não se sabia de onde vinha. Era o *Bolero,* de Ravel. Enquanto a música crescia, uma legião de pessoas se dirigia para a praça, como se estivessem obedecendo às ordens da jaçanã.

— Senhor, pelo que sei a jaçanã não é uma ave voadora! — disse Adriano.

— Mas essa ave não é uma jaçanã. Aguarde e verá — disse Cronos, com um tom de mistério na voz.

A cada minuto chegavam mais pessoas, como se todas obedecessem a uma única ordem.

— Senhor Cronos, olhe, de cada direção chegam pessoas de uma raça diferente — observou Antônio.

— É verdade, por uma rua chegam os negros, por outra os brancos e por outra os índios! — exclamou o velho.

O grupo de viajantes ficou ilhado naquela multidão. A jaçanã pousou no ponto de onde levantara vôo e começou a se transformar em um homem.

— O que está acontecendo? — gaguejou Cinthia.

— Fique tranqüila, confie em mim! — respondeu Cronos.

A jaçanã se transformou em um índio, um gigante com quatro metros de altura.

— Sou o deus Tupã, estou aqui para pedir a paz! — declarou o deus indígena. — Que venham seus líderes!

Do meio de cada núcleo surgiram algumas pessoas.

— Quem são essas pessoas? — quis saber Fabiana.

— Não posso lhes dizer, mas prestem atenção nas palavras de Tupã.

— Por muitos anos os homens têm lutado por motivos banais. Por diferenças de raça ou religião, ou por interesses materiais. De hoje em diante, a paz reinará! Deus é um só, seja ele branco, negro, vermelho ou amarelo. Nenhum deus prega violência.

Os mediadores de cada grupo se reuniram e pediram a paz, mas os líderes eram persistentes.

O líder negro falou:
— Pingo
d'água,
pinga,
bate
tua
mágoa!

O líder branco respondeu:
— Quem
não
tem
seu
bem
não
vem?

O líder índio completou:
— Ou
vem
mas
em
vão?
Quem?

— Os três recitaram versos monossílabos de Cassiano Ricardo! — comentou Antônio.

— Há uma profunda mágoa nessas palavras — disse o velho.

Tupã ergueu os braços e falou:

— Por que lutam, se ordeno a paz?

— Não fazemos luta armada, apenas cada grupo quer o camafeu. Mas nós o possuímos. Com ele controlaremos a paz melhor que qualquer outro grupo! — exclamou o líder branco.

— Mentira! — bradou o líder do grupo dos índios. — Homem branco tem o camafeu mas não promove a paz!

Cinthia percebeu que falavam do camafeu que carregava em seu peito. Levou sua mão a ele e segurou-o com força.

— A paz é uma dádiva! — exclamou Cronos. — Amigo Tupã, a paz não é um bem que deve ser controlado por um elemento ou por um grupo. Quem tem o verdadeiro camafeu sou eu. O que eles carregam é falso, uma réplica que conheço muito bem!

Tupã cruzou os braços e disse:

— Os homens dizem que lutam pela paz, pensam que são donos da paz, mas a paz só se consegue com respeito, humildade, amor e confiança. Se um não confiar no outro, jamais haverá a paz por completo. Portanto, dê-me o camafeu. Eu o levarei comigo, e então não haverá mais motivos para lutar.

Cinthia entregou o camafeu ao Senhor do Tempo e pediu:

— O senhor terá de me arrumar uma desculpa pelo broche, pois vovó nunca me perdoará!

Cronos sorriu e colocou o camafeu nas mãos do deus Tupã.

— A Ordem da Jaçanã cumpriu sua missão, após mais de meio milênio. Enfim, a paz reinará!

Sob tanta sabedoria, as pessoas começaram a se abraçar, pois perceberam que não tinham o direito de controlar a paz, mas deviam compartilhá-la.

— Que emoção! — disse Luciano com lágrimas nos olhos. — Acabou o racismo, acabou a revolta!

Cronos deixou os jovens assistirem àquele momento emocionante, até que Tupã chamou a todos.

— Partirei e levarei comigo o camafeu. Mandarei uma chuva para purificar seus corações!

Logo em seguida, Tupã, o deus trovão dos índios, subiu aos céus como um relâmpago e desapareceu.

A chuva caiu, e Cronos deixou que os jovens purificassem seus corações. Depois de alguns minutos, teve de interromper aquele momento divino.

— Agora que já se sentem mais leves, chegou o momento de nos retirarmos!

Eles compreenderam, e Antônio recitou antes de partir:

— Um raio
Fulgura
No espaço
Esparso
De luz

— De quem são esses versos? — perguntou Adriano.

Antônio respondeu com um sorriso no rosto.

— Gonçalves Dias, naturalmente!

— São versos dissílabos? — perguntou Adriano novamente.

— Exato, eles têm o acento tônico na segunda sílaba — respondeu o pequeno português.

Cronos os levou de volta para casa. Mal chegaram, Fabiana disse:

— O senhor nos disse no começo da viagem que o futuro de nossos filhos dependeria de nossa intervenção!

— É verdade. O que aquela confusão tinha que ver com nossos descendentes? — perguntou Cinthia.

— Em primeiro lugar, os líderes que vocês viram eram seus filhos.

— Por que não nos disse? — perguntou Antônio.

— Não seria conveniente. Se falasse, talvez vocês tomassem partido na disputa e, quem sabe, não teriam me dado o camafeu, e sim aos seus filhos.

Os jovens ficaram pensativos, mas concordaram com as razões do sábio.

— Pegue esta imitação do camafeu. Ele tem uma peça que se solta e servirá para contentar sua avó, como se fosse o broche — disse a Cinthia, entregando-lhe um objeto idêntico ao original.

— Ei, este camafeu não era aquele que o líder índio pensava estar em poder dos brancos? — perguntou Adriano.

— Exatamente. Mas agora ele não é mais cobiçado, porque Tupã tem o camafeu verdadeiro e controla a paz.

— Quer dizer que não haverá mais guerras?

— Muitos serão os motivos que levarão povos a se enfrentarem no mundo — respondeu Cronos, enigmático. E acrescentou: — Os homens pensam que podem desafiar Tupã.

Cronos pregou a paz entre os amigos, mas era hora de partir.

— Preciso me despedir — disse.

— Por quê? — indagaram os amigos.

— Em outros lugares, o mundo ainda precisa de mim!

— Quando nos encontraremos novamente? — quis saber Antônio.

— Numa data em que vocês, como mediadores, pregarão a paz entre seus semelhantes. Em 2053, num encontro com o deus Tupã.

Tomados de espanto, viram aquele homem desaparecer aos poucos.

— Antes que me esqueça, Cinthia, mande um abraço para sua avó, diga que foi um amigo do passado que lhe mandou! — falou o velho antes de desaparecer de vez.

A despedida foi cheia de surpresas, mas no fundo do coração restou uma certeza: o reencontro, no futuro, estava por chegar.

Dias depois era Antônio quem se despedia. Antes de embarcar, o garoto lançou um desafio aos amigos:

— Num avião havia quatro romanos e um inglês. Qual era o nome da aeromoça?

Cinthia e Luciano ainda arriscaram responder à charada, mas foi em vão.

— Desistimos! — falou Adriano.

— Simples, quatro romanos seriam o número quatro escrito em símbolos romanos. Portanto, seria o IV.

— E o inglês? — perguntou Fabiana.

Antônio continuou:

— Como eu havia dito, além dos quatro romanos havia um inglês, ou seja, o número 1 em inglês, que é *one*.

— Não entendi — disse Luciano.

— Ora, 4 em símbolos romanos com 1 em inglês dá IV + one, ou seja, IVONE!

Os amigos gostaram da brincadeira, e Antônio e seus pais acenaram do portão de embarque. Não foi um triste adeus, pois os jovens sabiam que ainda iriam se reencontrar para uma importante missão.

SUPLEMENTO
de
T R A B A L H O
Outros Desafios

SÉRIE

O Contador de Histórias e outras histórias *da Matemática*

A JAÇANÃ

Egidio Trambaiolli Neto

Recomendado a partir da 5ª série

escola ______________________________

aluno(a) ______________________________

número ______________ série ______________

professor(a) ______________________________

QUESTÃO REFERENTE AO CAPÍTULO **O segredo do camafeu**

1 No tupi antigo, não havia palavras para designar números acima de 4. No entanto, o "jeitinho brasileiro" já se fazia presente e, com adaptações necessárias, os índios conseguiam expressar qualquer número próximo de sua realidade. Seguindo as informações contidas na página 18 ou 19, identifique o valor de cada número dado em tupi:

a) mocõi pó xe pó mossapyr

b) xe pó xe py xe pó jepé

c) irundy pó xe py irundyc

d) mocõi xe pó xe py mocõi

QUESTÕES REFERENTES AO CAPÍTULO **O trem das onze**

2 Observe os versos de Fagundes Varela:

"Na tênue **cas**ca de verde ar**bus**to
Gravei teu nome, depois parti.
Foram-se os anos, foram-se os meses,
Foram-se os dias, acho-me aqui."

No primeiro verso, foram destacadas as sílabas tônicas que o definem como um verso **eneassílabo** (na quarta e na nona sílaba), ou seja, como sílaba tônica final localizada na nona sílaba. Destaque as sílabas tônicas nos demais versos apresentados. Com algumas das sílabas destacadas, forme duas palavras contidas nessa estrofe.

"Na tênue **cas**ca de verde ar**bus**to
Gravei teu **no**me, depois par**ti**.
Foram-se os **a**nos, foram-se os **me**ses,
Foram-se os **di**as, acho-me a**qui**."

3 Um trem parte às onze horas e, a cada dez minutos, chega a uma estação e pára. Sabendo que em cada parada ele perde cinco minutos e durante o trajeto ele gasta uma hora e dez minutos, determine em quantas estações ele parou e quantos minutos ele gastou em suas paradas antes de chegar à estação final.

4 Como foi dito na história, a cruz suástica representava a felicidade, a saudação e a salvação entre budistas e brâmanes. Porém, com a subida de Hitler ao poder ela foi utilizada como símbolo nazista. Quantos ângulos retos existem na cruz suástica representada na página 27?

5 O mostrador do relógio de Luciano foi utilizado como transferidor. Para isso ele determinou a equivalência da graduação no relógio com a do transferidor. Se utilizássemos uma rosa-dos-ventos como transferidor, a quantos graus corresponderiam os pontos cardeais assinalados?

QUESTÕES REFERENTES AO CAPÍTULO **O navio negreiro**

6 Jogando 35 com os dedos.

No jogo, que consiste numa variante do 31, são usados os dedos de uma das mãos. Os valores são somados até inteirar 35, não sendo permitido colocar zero como jogada. Participam dois competidores e quem começa o jogo poderá vencer sempre. Como isso é possível?

Dados: No 31, vencia sempre quem iniciasse o jogo e dissesse os números: 3, 7, 11, 15, 19, 23, 27 e 31. Como a regra só permitia que cada jogador somasse apenas de uma até três unidades, o vencedor usava a seguinte regra:

número mínimo a ser apostado + número máximo a ser apostado

Portanto, $1 + 3 = 4$.

Finalmente, pegavam-se os múltiplos de quatro: 4, 8, 12, 16, 20, 24, 28 e 32 e de cada um deles se subtraía uma unidade. Logo:

$4 - 1 = 3$ $8 - 1 = 7$ $12 - 1 = 11$ $16 - 1 = 15$

$20 - 1 = 19$ $24 - 1 = 23$ $28 - 1 = 27$ $32 - 1 = 31$.

7 Que número o escravo do navio negreiro estaria representando se ele apontasse seu polegar da mão direita para a falanginha do dedo indicador da mesma mão?

8 O sistema de numeração utilizado pelo escravo do navio negreiro pode ser considerado de base 60. Esse sistema é empregado da seguinte forma:

- os dedos da mão direita servem para contar de 1 a 12, utilizando as doze falanges.
- ao encerrar a contagem das doze falanges, abaixa-se o dedo mínimo da mão esquerda para indicar uma dúzia.
- para representar 2 dúzias, utilizam-se os dedos mínimo e anelar; 3 dúzias, os dedos mínimo, anelar e médio, e assim sucessivamente.
- para representar o número 13, usa-se o dedo mínimo da mão esquerda abaixado e o polegar apontado para a falange do dedo mínimo da mão direita.

Como em alguns países ainda se usa esse sistema numérico, relate como podemos representar o número 31.

9 Por que o sistema utilizado pelo escravo, na história, agora é considerado um sistema de base 60?

10 A palavra Guapira vem do tupi e significa: "lugar onde começa um vale". É uma palavra paroxítona e é composta de três sílabas. Através de seqüências, descubra quantas combinações podem ser formadas com essas três sílabas e escreva-as.

11 Quantos números com cinco algarismos podemos escrever, utilizando os algarismos 1, 3, 5, 7 e 9, sem repeti-los?

12 O sistema de numeração egípcio utiliza os símbolos abaixo com valores definidos:

Símbolos							
Valores	1	10	100	1 000	10 000	100 000	1 000 000

Identifique os números representados por:

a)  b)  c) 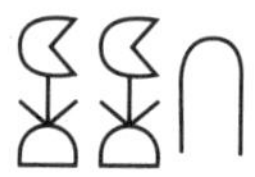 d) 

13 Como você representaria, no sistema de numeração egípcia, o dia, mês e ano em que você nasceu?

14 Como você representaria os números a seguir com os algarismos indo-arábicos usados por volta de 1500?

a) 425 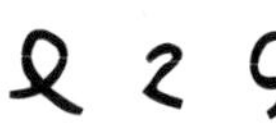

c) 1 724 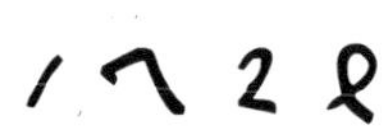

b) 701 

d) 2 589 

15 A ilusão de óptica é um fenômeno pelo qual a percepção visual engana o cérebro, fazendo com que se interprete de maneira diferente o que se vê. Usando apenas segmentos paralelos, construa em uma folha avulsa duas figuras que lembram retângulos. Para isso:

- marque onze pontos dispostos horizontalmente e distantes 2 milímetros um do outro; em seguida, tendo esses pontos como uma das extremidades, trace segmentos verticais com 20 milímetros cada.
- repita o processo, dispondo os onze pontos verticalmente e traçando os segmentos de 20 milímetros na direção horizontal.

Compare as figuras e comprove a ilusão. A propósito: essas figuras não deveriam lembrar quadrados?

16 Identifique os números representados a seguir no sistema de numeração da Mesopotâmia.

a) 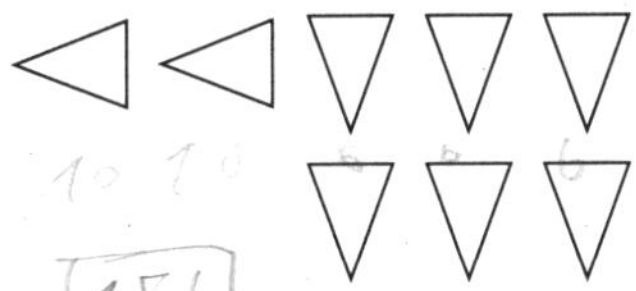

b) 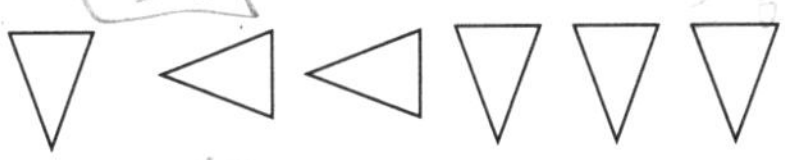

c) 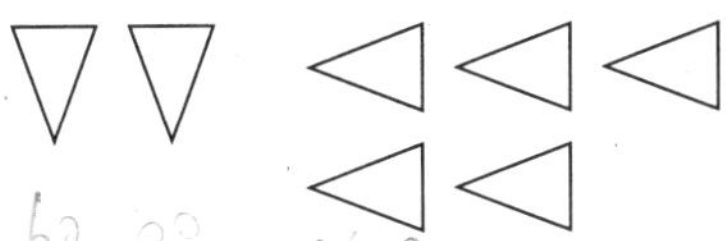

d) 

17 Represente, no sistema de numeração mesopotâmico, os seguintes números:

a) 15

b) 72

c) 134

d) 41

18 Para saber se um ano foi ou será bissexto, basta dividi-lo por 4. Caso a divisão seja exata, o ano será bissexto. Porém, os anos com final 00, como o ano 2000, para serem considerados bissextos deverão ser divisíveis por 400. Descubra em que dia e mês caiu o ducentésimo nonagésimo quarto dia do ano de 1952.

QUESTÕES REFERENTES AO CAPÍTULO **A força do deus Tupã**

19 Utilizando a tabela das páginas 70 e 71, identifique os números aqui representados no sistema de numeração grego.

a) ψπθ

b) φξ

c) ,αωμζ

d) ,βσκβ

20 Se você traçar um segmento de reta ligando cada vértice de um polígono ao ponto médio dos lados determinados pelos outros vértices, poderá encontrar um ponto comum a todos esses segmentos. Trace-os nos polígonos regulares abaixo e verifique os casos em que isso acontece.

a)

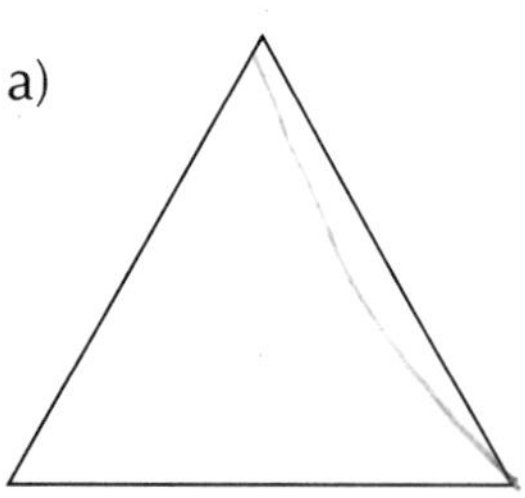

b)

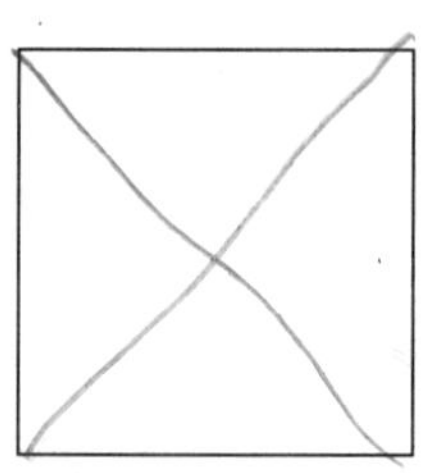

c)

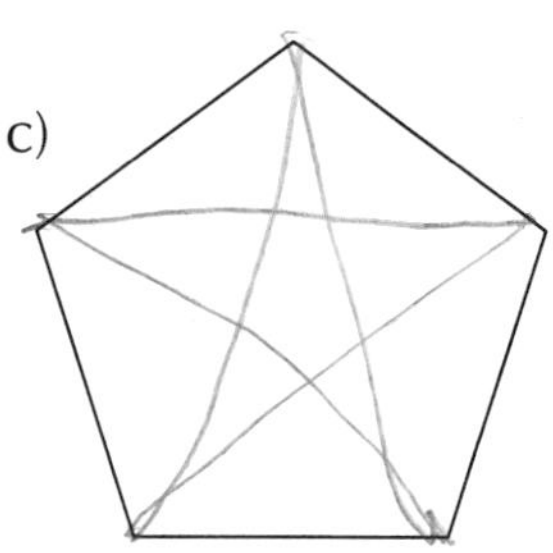